Aumenta tus competencias
Modelación y estimación: crecimiento

A la memoria de quien le debo todo en la vida, una gran mujer,

a mi mamá

Felicitas Molina Ávila

A mi familia, Tina, Edgar, Tere y Diana

A las instituciones que me formaron, La Universidad Nacional Autónoma de México y a la School of Aquatic and Fishery Sciences (University of Washington), en la cual aprendí la mayoría de los temas expuestos en este libro.

A mis maestros y tutores

Prefacio

La mayoría de los fenómenos que se estudian en la biología, ecología, ciencias de la salud, ciencias sociales, ciencias ambientales, ciencias interdisciplinarias, ingeniería etc., presentan una variabilidad natural inherente por lo que su estudio y análisis requiere usar técnicas cuantitativas y herramientas estadísticas. Un análisis cuantitativo erróneo se puede atribuir a varios factores como información errónea, y herramientas estadísticas/cuantitativas inadecuadas. Para evitar errores se debe aprovechar la información disponible en un marco cuantitativo adecuado.

El uso de un modelo para la administración de recursos o para la toma de decisiones requiere la estimación de sus parámetros, ajuste a datos observados y el desarrollo de indicadores de desempeño adecuados. La investigación del crecimiento de individuos es una de las áreas más estudiadas con una gran disponibilidad de datos. Esta área es ideal para introducir al lector a las técnicas de estimación de parámetros de un modelo. La estimación de parámetros se refiere a la determinación de los mejores valores de ciertos parámetros en un modelo numérico a través de métodos de máxima verosimilitud u otras técnicas similares. Una vez determinados los mejores valores de los parámetros, el modelo podrá ser usado para predecir ciertos escenarios útiles en la toma de decisiones, todo dentro de un marco estadístico. ¿Qué usar para llevar a cabo la estimación de parámetros? Debido a la complejidad de los fenómenos y la cantidad significante de datos que se recopilan en la actualidad, es necesario usar computadoras y software estadístico para facilitar las tareas de investigación. Aunque existen una cantidad importante de paquetes de software estadístico (SPSS, Statistica, Systat, Minitab, etc.), el paquete estadístico R y Excel se han posicionado como las herramientas más usadas en la investigación de fenómenos complejos que requieren un enfoque cuantitativo en su análisis.

En México, y probablemente en Latinoamérica existe una carencia de cursos de estadística que estén enfocados a las técnicas de estimación de parámetros. La mayoría de esos cursos se ofrecen a nivel posgrado en algunos programas especializados en estadística y pesquerías. El presente libro pretende subsanar esa carencia y poner a la disponibilidad de lectores provenientes de distintas áreas (biología, ecología economía, actuaría, etc.,) este enfoque estadístico para afrontar problemas complejos donde existe una necesidad de manejo de datos en un marco estadístico adecuado.

El presente libro tiene como objetivo principal el introducir al lector a las técnicas de estimación de parámetros mediante el uso del marco estadístico adecuado y de Excel, Visual Basic, y el paquete estadístico R. El libro tiene un enfoque práctico; aunque se provee la suficiente teoría para comprender y llevar a cabo las tareas, el aprendizaje se lleva a cabo principalmente a través del autoaprendizaje con el uso de laboratorios en los cuales se estiman los parámetros de modelos de crecimiento con distintas metodologías y paqueterías.

En el presente libro no se enfatiza la teoría, el lector puede consultar varios títulos clásicos en las ciencias pesqueras y estadísticas como Larsen y Marx (1986), Lee (1989), Hilborn y Walters (1992), Hilborn y Mangel (1997), y Gulland (1983).

En el presente libro, el lector encontrará seis capítulos dedicados a la modelación, el paquete estadístico R, la estimación de parámetros por métodos de verosimilitud y análisis Bayesiano y ocho laboratorios cuyo objetivo es el aprendizaje de las técnicas de estimación de parámetros. El lector solo necesita conocimientos básicos de cálculo diferencial e integral y estadística y no necesita conocimientos de programación y de Excel; a través de los laboratorios el lector aprenderá Excel y programación en R y Visual Basic. Al terminar el libro el lector será capaz de estimar parámetros de cualquier modelo usando metodologías estadísticas y la programación en R y Visual Basic. Se espera que la experiencia del lector sea agradable en cada uno de los capítulos y laboratorios, y sobre todo que sea de utilidad en su formación académica y/o desarrollo profesional.

Contenido

Aumenta tus competencias
Modelación y estimación: crecimiento

Por

Jesús Jurado Molina

Introducción

Encontrar la solución a preguntas de gestión e investigación del mundo real típicamente requiere modelos no lineales complejos para representar adecuadamente el sistema bajo estudio (Fournier et al., 2012). En particular, la modelación del crecimiento de individuos es uno de los aspectos básicos y más importantes en el manejo de los recursos naturales y en la investigación ecológica; específicamente, en las ciencias pesqueras se ha tenido un gran desarrollo de esta área de investigación. Existe una literatura muy extensa en este aspecto tanto en libros (Han Lin Lai et al. 1995; Gulland, 1983; Hilborn y Walters, 1992; Haddon, 2001; Ricker, 1975) como en artículos científicos (Chapman, 1961; Jurado-Molina et al., 1993; Kimura 1980; Richards, 1959; Schnute, 1981; Summerfelt y May, 1987; Katsanevakis y Maravelias, 2008). Este tipo de metodología también se ha aplicado extensivamente en organismos terrestres (Hota, 1994; Meinhardt *et al.*, 2007; Kingsley, 1979; Mc Donough and Christ, 2012; Ferreira and Funston, 2010). En este trabajo se revisarán algunos aspectos básicos de la modelación del crecimiento y sobre todo se dará un énfasis practico a los métodos más utilizados para la estimación de los parámetros de los modelos de crecimiento. Este trabajo esta principalmente enfocado a la estimación de los parámetros a través de sesiones practicas donde se llevará a cabo la estimación de parámetros con el uso de tres aplicaciones importantes: Excel y Visual Basic de Microsoft, y el paquete estadístico R, junto con dos técnicas estadísticas (métodos de máxima verosimilitud y estadística bayesiana). Cabe mencionar, que el uso de estas técnicas y el software está muy restringido y se enseña en cursos avanzados de posgrado, sobre todo en el extranjero. En este libro se tomará un enfoque sencillo y práctico para el aprendizaje de estas áreas. El dominio de las técnicas estadísticas de estimación y el uso de los tres paquetes mencionados incrementará de manera notable las habilidades y la experiencia de los lectores.

Cabe mencionar que las metodologías que se revisarán se pueden aplicar a varias áreas de investigación donde se aplique la modelación y existan datos observados de la variable de respuesta incluida en el modelo. Es importante mencionar que las técnicas estadísticas de estimación de parámetros que se mostraran en este texto se pueden aplicar a una variedad de modelos en varias áreas del conocimiento, como la astronomía (Sharma, 2017; Feigelson y Babu, 2012), física (Andreon y Weaver, 2015), hidrología (Vrugt et al., 2005), ciencias atmosféricas (Peters et al., 2005), pediatría (DeLucia y Pitts, 2006), etc.

En particular, estas metodologías han sido usadas extensamente en el área de pesquerías; por ejemplo, en los modelos de producción excedente para la dinámica poblacional de las especies (Jurado-Molina et al., 2009; Jurado-Molina, 2010; Punt y Hilborn, 1996; Punt y Hilborn 2001), modelos de dinámica poblacional con estructura de edades (Deriso, 1980; Methot,1990), modelos con estructuras de tallas (Punt y Kennedy, 1997; Punt et al., 2013) y modelos estadísticos multiespecíficos (Jurado-Molina et al., 2005; Kinsey and Punt, 2009). Revisiones extensas del uso de las metodologías de estimación de parámetros se pueden ver en Megrey (1989), Maunder and Punt (2013), Plagányi (2007) y Maunder y Piner (2014).

Capítulo I Modelación

En la ciencia, un modelo es una idea o un conjunto de ideas que trata de explicar las causas de un fenómeno particular en la naturaleza. Un modelo también puede ser descrito como una representación de un sistema o un fenómeno; dicha representación puede tener una variedad de formas como dibujos, diagramas de flujo, ecuaciones, gráficas y simulaciones por computadora. Los modelos no solo sirven para describir un fenómeno, sino que tienen importantes funciones; los modelos son útiles para construir explicaciones del fenómeno y para mostrar carencias de conocimiento de este. Sin embargo, una aplicación más importante es la capacidad del modelo para predecir, característica muy importante y que es usada para llevar a cabo una toma de decisiones. En particular este esquema es muy usado en el manejo de recursos naturales; por ejemplo, en los recursos pesqueros, donde se usan modelos para valorar el estado del recurso y para predecir cuales son las probables consecuencias de distintos niveles de pesca en el futuro (Punt and Hilborn, 2001).

En particular, los modelos matemáticos incluyen cuatro componentes: la variable de estado o de respuesta, la variable independiente, los parámetros y la relación funcional; por ejemplo, en el modelo de desintegración radioactiva:

$$N(t) = N_0 e^{\lambda t} \tag{1}$$

donde N es la variable de estado que depende de la variable independiente tiempo t, N_0 y λ son los parámetros que representan el número inicial de átomos y la constante de decaimiento respectivamente y la relación funcional está dada por la misma ecuación (1). N también es conocida como variable de respuesta o variable dependiente.

Para que los modelos, como el modelo de decaimiento radioactivo (1), se puedan usar para predecir se debe conocer el valor de los parámetros. Si estos no se conocen, solo se puede explorar el comportamiento de la variable de respuesta, es decir construir escenarios que dependen de distintos valores de los parámetros. Una aplicación importante de la ecuación (1) es la determinación de la edad de los fósiles.

El manejo de recursos requiere que se conozcan los parámetros y sus incertidumbres para poder predecir y hacer una toma de decisiones. A continuación, se revisarán algunos aspectos básicos de la modelación de crecimiento de los organismos.

Modelación matemática del crecimiento de individuos

El modelo más común para describir la longitud de un organismo como función de la edad es el modelo de von Bertalanffy (1938). La ecuación diferencial de von Bertalanffy que describe el crecimiento en longitud está dada por:

$$\frac{dL}{dt} = K\left(L_\infty - L\right) \qquad (2),$$

donde K es la tasa de crecimiento, L_∞ es la longitud asintótica y t es la edad. L_∞ también es conocida como longitud infinita. La ecuación diferencial (2) se resuelve por el método de separación de variables:

$$\frac{dL}{L_\infty - L} = kdt \;\Rightarrow\; \int \frac{1}{L_\infty - L}\, dL = \int K dt \qquad (3),$$

La solución de ambas integrales está dada por:

$$\ln\left(L_x - L\right) = -Kt + C \qquad (4),$$

donde C es una constante arbitraria, después de aplicar la función exponencial y ordenar los términos se obtiene:

$$L = L_\infty - Ce^{-Kt} \qquad (5),$$

para calcular el valor de la constante C se utilizan las condiciones iniciales; en el supuesto usado por von Bertalanffy se considera que en el tiempo t_0 la longitud del organismo es cero ($L=0$) entonces la constante C tiene el valor:

$$C = L_{x} e^{Kt_0} \tag{6},$$

al sustituir este valor en la ecuación (5) y ordenar los términos se obtiene la conocida formula de von Bertalanffy para el crecimiento longitudinal de los individuos:

$$L = L_{\infty}\left(1 - e^{-k(t-t_0)}\right) \tag{7}$$

Cabe mencionar que en la realidad la longitud nunca es cero pues el ovulo fecundado tiene una longitud mayor a cero; sin embargo, dicho supuesto ayuda a encontrar la solución. Según Kimura (1980), desde la aplicación de la curva de crecimiento de von Bertalanffy (1938) por Beverton y Holt (1957) al problema de rendimiento por recluta, este modelo ha sido usado extensivamente en la biología pesquera.

La obtención de la ecuación de crecimiento en peso de los individuos se basa en la relación longitud-peso de los organismos:

$$W = aL^b \tag{8},$$

donde W representa el peso del individuo de edad t, L la longitud y a y b son los parámetros del modelo. Al sustituir la ecuación (7) en la ecuación (8) se obtiene:

$$W = W_{\infty}\left(1 - e^{-k(t-t_0)}\right)^b \tag{9},$$

donde $W_{\infty} = aL_{\infty}^b$ es el peso asintótico, K la tasa de crecimiento, t_0 el tiempo para el cual $W = 0$ y b es el exponente de la relación entre el peso y la longitud del organismo.

El valor del parámetro b es importante en la definición del tipo de crecimiento. Existen dos tipos de crecimiento: isométrico y alométrico. En el crecimiento isométrico todas las partes del cuerpo crecen aproximadamente a la misma tasa y las proporciones del organismo adulto no son diferentes de las proporciones de un juvenil. Por el contrario, en el crecimiento alométrico las tasas de crecimiento de distintas partes del cuerpo son distintas. El valor del parámetro *b* para el crecimiento isométrico es 3. Para determinar si el crecimiento es isométrico se usa una prueba de *t* de una muestra (H$_0$: *b* = 3). Por otra parte, si el valor de *b* es menor a tres, el crecimiento es alométrico negativo y si es mayor a tres es alométrico positivo.

También existen variaciones de la ecuación de crecimiento en peso (Jurado *et al.*, 1993). Cabe mencionar que en pesquerías la ecuación más usada para estudiar el crecimiento de organismos marinos es la ecuación (7) debido a que en los cruceros de investigación o en salidas de campo, en donde se recolectan una cantidad grande de organismos de varias especies, es más fácil registrar la longitud total, longitud furcal o longitud patrón de los organismos con un ictiómetro manual o uno digital que el peso de estos. Determinar el peso de un organismo a bordo de un crucero de investigación o en una panga representa un gran reto debido al movimiento de la embarcación y produce un error de medición mayor. En organismos terrestres se ha hecho más estudios de crecimiento basado en el peso (Mc Donough and Christ, 2012; Ferreira and Funston, 2010).

Existen otros modelos para describir el crecimiento de un organismo en longitud, como el modelo logístico propuesto por Bill Ricker y que originalmente se utilizó como modelo para dinámica poblacional y que también ha sido usado para modelar la selectividad de un arte de pesca; en su versión para la modelación de crecimiento está dado por la siguiente ecuación (Ricker, 1975):

$$L(t) = \frac{L_\infty}{1 + e^{-K(t-I)}} \tag{10},$$

donde *I* representa la edad correspondiente al punto de inflexión de la curva de crecimiento. Otro modelo importante es el propuesto por el matemático británico Benjamín Gompertz (1779-1865) que propuso un modelo demográfico que ahora se usa en varias áreas (incluyendo el crecimiento individual) y es conocido como modelo de Gompertz o curva de Gompertz (1825):

$$L(t) = L_\infty e^{-(1/k)e^{-k(t-I)}}$$

(11).

También se han desarrollado algunas generalizaciones de los modelos de crecimiento (Richards, 1959; Chapman, 1961); sin embargo, en este texto, para el propósito de aprender las técnicas de estimación de los parámetros de crecimiento, el enfoque estará centrado solo en los tres modelos anteriores (Ecuaciones 7, 10 y 11). ¿Y para qué sirve determinar el crecimiento en longitud y peso de los organismos? Las relaciones matemáticas entre edad, talla, y peso generalmente se usan para traducir los resultados de modelos basados en abundancia numérica en resultados basados en biomasa (Haddon, 2001).

Otro aspecto importante en el estudio de crecimiento es la determinación de la edad de los organismos. Sin este tipo de datos no sería posible el uso de los modelos de crecimiento por edad y la estimación de sus parámetros. La determinación de la edad de un organismo está basada en marcas anuales, semejantes a los anillos observados en los árboles, en huesos de los peces. Estas marcas se vieron por primera vez en secciones transversales de las vértebras de los lucios (*Esox lucius*) conocidos en inglés como Northern pike en 1759. En las últimas décadas de los 1800s las marcas también se observaron en las escamas de las carpas (*Cyprinus carpio*) y en los otolitos de la Solla europea (*Pleuronectes platessa*) conocida como plaice en inglés (Jones, 2002). El método más común para la determinación de la edad involucra el conteo de marcas en tejidos duros, dicho método se conoce como "directo" y se usa para obtener la "edad cronológica". Estas marcas también se conocen como anillos. La mayoría de los métodos de determinación de la edad tienen un elemento de subjetividad y depende de los lectores de anillos. La inconsistencia y la no reproducibilidad entre lecturas de edad, aun para un método validado, puede llevar a variabilidad considerable en los resultados (Lai et al., 1996). Es importante mencionar que cuando los datos de edad no están disponibles a partir de lectura de anillos, se han usado técnicas estadísticas para separar la mezcla de distribuciones de frecuencia de tallas, algunas veces en combinación con modelos de crecimiento, para estimar la edad. Las tres técnicas estadísticas más conocidas que se basan en el análisis de frecuencia de tallas son: a) MIX (MacDonald and Pitcher, 1979), NORMSEP (Hasselblad, 1966), c) MULTIFAN (Fournier et al., 1990). Este tipo de métodos se conocen como "indirectos". Los métodos directos e indirectos para la determinación de la edad no serán revisados en detalle, para una lectura más especializada sobre el tema se recomienda leer a Lai et al. (1996) y Jones (2002).

Capitulo II Estimación de parámetros

Ahora que se han establecido los modelos con los cuales se harán los análisis, es importante preguntarse: ¿cómo se pueden estimar los parámetros de los modelos cuando se tienen disponibles datos de talla por edad colectados en el campo? Existen algunas metodologías para la estimación de dichos parámetros. En particular, para la curva de crecimiento en longitud de von Bertalanffy, el método más sencillo que no requiere grandes esfuerzos computacionales y que fue usado a mediados del siglo pasado, es el método de Ford-Walford que se basa en la graficación de los valores de longitud L_{t+1} contra L_t, que en general resulta una recta con pendiente $m = e^{-K}$ y un intercepto con la línea $L_{t+1}=L_t$ igual a L_∞. El parámetro t_0 se puede estimar con métodos iterativos (Ricker, 1975). Cabe mencionar que estas metodologías se revisan desde un punto de vista histórico, pues este método no se debe usar debido a las imprecisiones y la carencia de estimaciones de incertidumbre de los parámetros; sin embargo, es recomendado para encontrar valores iniciales para la estimación no lineal de los parámetros (Hilborn, 1992; Kimura, 1980) que se describen enseguida.

Una pregunta básica que podría elaborarse es la siguiente: ¿Qué tan bien predice mi modelo los datos que observo en la naturaleza? Para contestar esta pregunta básica se necesita confrontar el modelo con los datos observados y en general se requiere de cuatro elementos importantes:

- Datos
- Modelo
- Criterio de ajuste
- Software

Los datos son el componente más importante en el proceso de estimación de parámetros de un modelo. En general los datos son recabados en el campo con ayuda de diferentes metodologías y sin ellos sería imposible la estimación de los parámetros del modelo. Cabe mencionar que colectar datos es un proceso complejo que requiere de planeación, logística, infraestructura, personal y financiamiento. El costo de la adquisición de datos en general es alto por lo que es importante que este proceso se lleve a cabo con eficiencia. Las metodologías de muestreo en pesquerías pueden ser revisadas en Zale *et al.*, (2013), Conquest et al. (1996), McManus et al. (1996) y Gunderson (1993). En este texto nuestro enfoque no es como colectar los datos sino como usarlos eficientemente en un marco cuantitativo adecuado.

En cuanto a los modelos, en general se usarán modelos matemáticos y en particular, en este texto el trabajo se enfocará a los modelos de crecimiento individual, como el modelo de von Bertalanffy, el modelo logístico y el modelo de Gompertz. Existe un modelo general que incluye a los tres modelos mencionados como casos particulares: el modelo de Schnute (1981). En la experiencia del autor, dependiendo de los valores iniciales de los parámetros, la solución convergerá a la solución de alguno de los tres modelos mencionados. Por esta razón este modelo no se incluirá en el análisis.

Existen varios criterios de ajuste; en particular, se revisarán los más usados que son los mínimos cuadrados, el criterio de máxima verosimilitud y los métodos Bayesianos.

Existen varios tipos de software que pueden llevar a cabo la optimización para la estimación de los parámetros del modelo; en este texto se usará Excel de Microsoft y el paquete estadístico R (https://www.r-project.org/).

El uso de los cuatro elementos mencionados para la estimación de los parámetros presenta varias dificultades que hacen este proceso muy complejo. Sin embargo, uno de los objetivos de este libro es hacer este proceso simple y accesible para el lector.

La técnica más simple para confrontar un modelo con datos observados es el método de mínimos cuadrados que tiene tres ventajas importantes: i) es simple y no se tiene que hacer supuestos sobre la incertidumbre, ii) se ha usado mucho en la ciencia y es un método probado, iii) los modelos computacionales modernos permiten realizar cálculos importantes con los mínimos cuadrados (Hilborn y Mangel, 1997).

El método está basado en una idea simple, para valores fijos de los parámetros y para cada valor de la variable independiente se puede predecir el valor de la variable dependiente. Si se tiene datos observados que consisten en variables independientes X_i y la variable dependiente Y_i, podemos asumir un modelo que relaciona dichas variables:

$$Y_i = f\left(\overline{\theta}, X_i\right) + \varepsilon \tag{12},$$

donde $\overline{\theta}$ es el vector de parámetros y ε es un término de error con distribución normal ($N(0,\sigma^2)$). Bajo este esquema la solución de la ecuación de von Bertalanffy se convierte en:

$$L = L_\times \left(1 - e^{-k(t-t_0)}\right) + \varepsilon \tag{13}.$$

A continuación, se llevará a cabo el primer laboratorio que está enfocado a la estimación de los parámetros de los modelos de crecimiento por mínimos cuadrados. Los mínimos cuadrados es una técnica de análisis numérico que requiere de algoritmos de optimización para encontrar la solución. Esta técnica se aplica tanto a modelos de regresión lineales como a modelos de regresión no lineales, como es el caso de los modelos de crecimiento. Esta técnica requiere minimizar la suma de residuos (SS) o suma de cuadrados de las diferencias entre los valores observados y los valores predichos por el modelo:

$$SS = \sum_{i=1}^{n}\left(y_i^{obs} - y_i^{pred}\right)^2 \tag{14},$$

donde y_i^{obs} representa cada uno de los n valores observados y y_i^{pred} representa los valores estimados o predichos por el modelo, que en nuestro caso serán los valores predichos por los modelos de crecimiento (Ecuaciones 7, 10 y 11). La minimización se obtiene al variar los valores de los parámetros hasta que se encuentre el mínimo de la suma de los mínimos cuadrados. Es importante señalar que el criterio de los mínimos cuadrados es una medida de ajuste computacionalmente conveniente. Este método corresponde a la estimación de máxima verosimilitud cuando el error esta normalmente distribuido con varianzas iguales (Van de Geer, 2005).

Esta técnica no es nueva, Legendre (1805) la uso para determinar la órbita de los cometas. Carl Friedrich Gauss desde 1794 también uso esta metodología en sus trabajos (Aldrich, 1998). Sin embargo, el poder de cómputo actual y la disponibilidad de software hacen la tarea de estimación de parámetros más fácil y extremadamente rápida, dependiendo de la complejidad de los modelos. El método de mínimos cuadrados sigue los siguientes simples pasos:

1. Empezar asignando un valor inicial a cada uno de los parámetros del modelo.
2. Sustituir los valores de los parámetros en el modelo y calcular la suma de cuadrados (Ecuación 14).
3. Cambiar los valores de los parámetros de tal forma que el modelo se acerque a los datos observados. Existen varios algoritmos para llevar a cabo esta tarea.
4. Repetir el paso 3 hasta que los cambios de los valores de los parámetros no produzcan un cambio en la suma de cuadrados.
5. Si no hay cambio significativo en la suma de cuadrados, parar el proceso
6. Reporte los resultados del mejor ajuste.

A continuación, se verá una aplicación de esta metodología en el Laboratorio 1

Laboratorio 1

En este primer laboratorio ajustaremos el modelo de crecimiento en longitud de von Bertalanffy por el método de mínimos cuadrados. Como primera opción se usará Excel de Microsoft para construir el modelo y llevar a cabo la estimación de los parámetros. Cabe mencionar que desafortunadamente Excel varía mucho de versión en versión. Aquí usaremos la versión de Excel para Mac en inglés, sin embargo, es muy fácil interpretar las instrucciones para Excel de Windows en español e inglés. Se trabajará de forma secuencial siguiendo los pasos que a continuación se muestran:

1. Introduce los siguientes datos de edad y de longitud por edad de hembras de la merluza del Pacifico (Kimura, 1980), colectados en las costas de los estados de California, Oregón y Washington, en una hoja de trabajo de Excel, se empezará a partir de la celda A5 donde se tecleará la etiqueta "Edad" y en la celda B5 introduce "Lobs" para longitud observada. En las celdas inferiores introduce los datos mostrados enseguida (Tabla 1):

Tabla 1. Datos de edad y longitud por edad de la merluza del Pacifico.

Edad (años)	Longitud (cm)
1.0	15.40
2.0	28.03
3.3	41.18
4.3	46.20
5.3	48.23
6.3	50.26
7.3	51.82
8.3	54.27
9.3	56.98
10.3	58.93
11.3	59.00
12.3	60.91
13.3	61.83

2. Ahora se definirán los parámetros (L_∞, K y t_0) del modelo de von Bertalanffy, en la celda A1 teclea la etiqueta "Linf", en la A2 la etiqueta "K" y en la A3 "t0". En las celdas B1, B2 y B3 teclea los siguientes valores: 80, 1, -0.1 que corresponden a los valores iniciales de los parámetros (L_∞, K y t_0) con los cuales empezará el proceso de estimación. Tu hoja de trabajo debe verse como muestra a continuación (Figura 1). Como se mencionó anteriormente, los valores iniciales se pueden obtener con el método de Ford-Walford; sin embargo, se pueden usar valores basados en la experiencia del investigador; por ejemplo, el parámetro L_∞ debe tener un valor mayor que la longitud más grande registrada en los datos observados (61.8 cm), así que 80 es un buen valor. Los valores típicos del parámetro K son cercanos a 1, así que este es un buen valor inicial de este parámetro. Los valores típicos de t_0 son típicamente negativos así que -0.1 es un buen valor. Más tarde al graficar los valores observados y los estimados por el modelo se verá que tan buenos son estos valores.

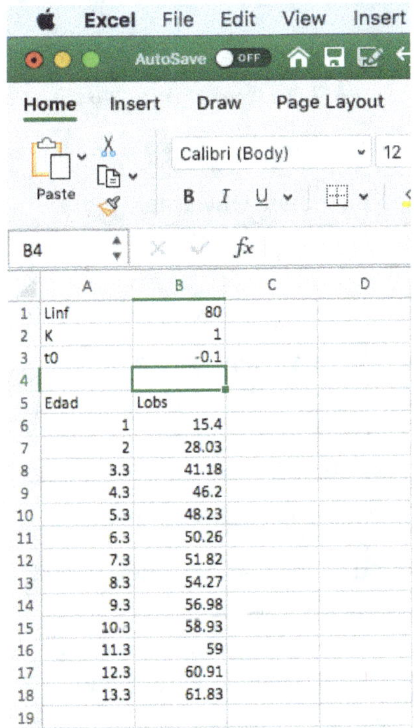

Figura 1. Datos de edad y longitud por edad de la merluza del Pacifico en la hoja de Excel.

3. Es tiempo de implementar el modelo de von Bertalanffy en la hoja de Excel. En la celda C5 teclea la etiqueta "Lest". En la celda C6 se introduce la siguiente instrucción:

=$B$1*(1-EXP(-$B$2*(A6-$B$3)))

Es fácil reconocer el modelo de von Bertalanffy en la instrucción anterior, $B$1 corresponde a la longitud asintótica, $B$2 corresponde a la tasa de crecimiento y $B$3 es t_0. Cabe mencionar que a las celdas B1, B2 y B3 se les han colocado el signo de pesos $ para fijar la referencia. Si no se hace esto se cometerá un error en la formula cuando se copie la celda. Ahora se necesita copiar esta fórmula al resto de las celdas (C7:C18), para lo cual se sitúa el cursor en la esquina inferior derecha de la celda C6 donde hay un pequeño punto negro. Ahora oprime el botón izquierdo del ratón dos veces rápidamente, la formula se habrá copiado automáticamente al resto de las celdas. Este proceso también se puede hacer situándose en la celda C6 y oprimiendo al mismo tiempo las teclas **ctrl + C** para copiar el contenido de la celda. Después se seleccionan con el ratón o el cursor las celdas C7:C18 y se oprimen las teclas **ctrl + V** al mismo tiempo para pegar las fórmulas. Obviamente el mismo procedimiento se puede llevar a cabo usando el botón derecho del ratón; sin embargo, es importante señalar que el uso del ratón no es recomendable por sus implicaciones de salud y sobre todo porque reduce la eficiencia en el trabajo.

Siempre es recomendable usar los atajos (shortcuts) debido a que incrementan de manera notable la eficiencia en el trabajo, pero desafortunadamente Microsoft cambia los atajos para distintos idiomas y versiones. Una búsqueda rápida en internet brinda varias páginas con los atajos en español e inglés.

Si todo salió bien, tu hoja de trabajo debe verse como se muestra enseguida (Figura 2). Si tus resultados no son idénticos a los que se muestran se necesita revisar los pasos 1-3 para encontrar el error. Este proceso se conoce como "debugging".

4. El siguiente paso es construir una gráfica que muestre los valores observados y estimados de la longitud por edad. Para iniciar, selecciona las celdas A5:C18. Una forma eficiente de seleccionar celdas es la siguiente: Sitúate en la celda A5, ahora oprime al mismo tiempo las celdas ctrl y shift (mayúsculas) al mismo tiempo, ahora oprime la tecla del cursor hacia abajo ($\downarrow$) y se seleccionarán las celdas A5:A18, ahora sin soltar las teclas ctrl y shift oprime la tecla del cursor a la derecha ($\rightarrow$) y se seleccionarán las celdas A5:C18. Una vez que hayas seleccionado las celdas busca en el ribbon (cinta de opciones) la sección de Insert, en ella encontraras varias opciones para las gráficas (Figura 3), da un click en el icono para la gráfica de dispersión (scatter) y selecciona la opción de dispersión con marcas y rectas para obtener la gráfica siguiente (Figura 4). Es importante mencionar que por convención el formato de los datos observados siempre es representado por puntos y los datos estimados por el modelo son representados por una línea (Figura 4). Cambia el formato de la gráfica para seguir estos lineamientos.

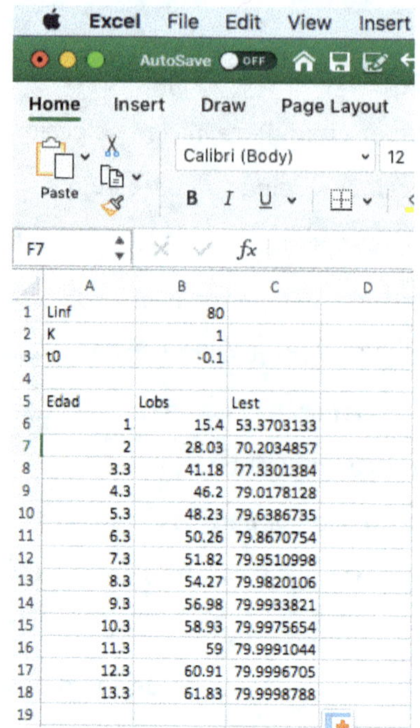

Figura 2. Hoja de trabajo con valores iniciales de los parámetros y el modelo de von Bertalanffy.

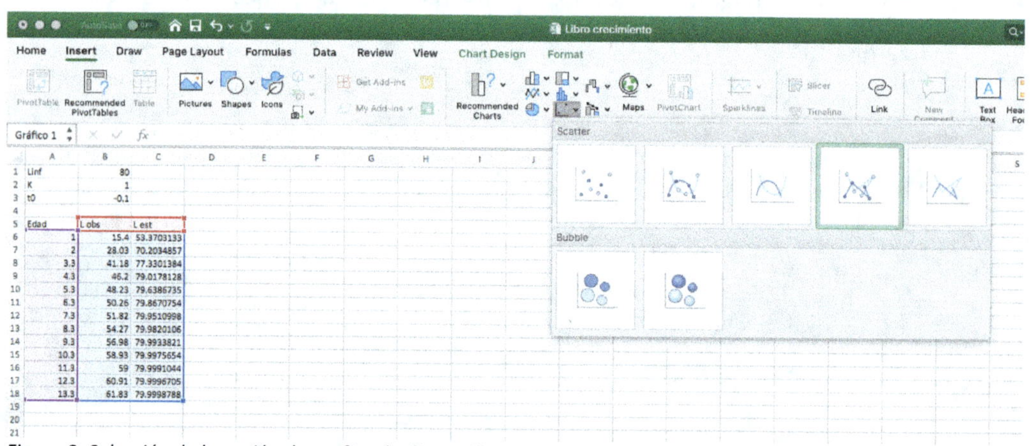

Figura 3. Selección de la opción de grafica de dispersión con marcas rectas

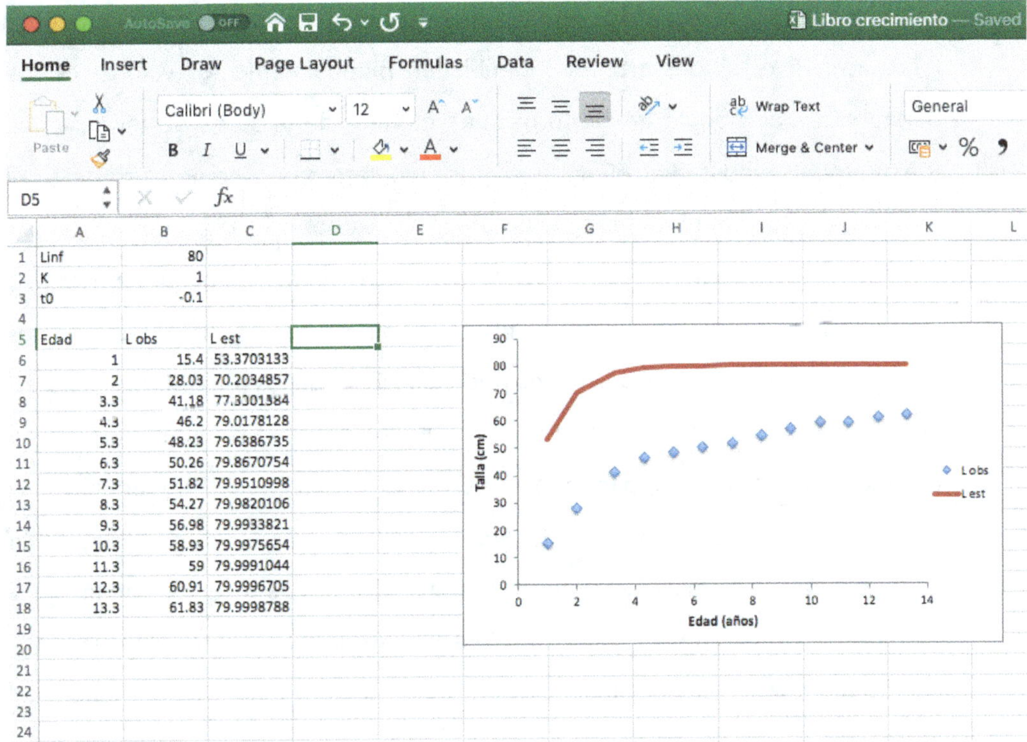

Figura 4. Grafica de los datos observados de la longitud por edad (Lobs) y el modelo de von Bertalanffy (Lest).

5. Ahora se necesita construir los mínimos cuadrados. En la celda D5 teclea "Desv" para etiquetar los errores. En la celda D6 teclearemos la siguiente instrucción: =(B6-C6)^2 para calcular la suma de cuadrados. Esta celda calcula la diferencia entre el valor observado en el campo y el valor estimado o predicho por el modelo y la eleva al cuadrado para evitar valores negativos. Ahora copia esta instrucción para las celdas restantes. El siguiente paso es sumar los mínimos cuadrados. En la celda A4 teclearemos una etiqueta "SC" para identificar la suma de cuadrados. En la celda B4 teclearemos la siguiente instrucción para calcular la suma de cuadrados total (Ecuación 14): =SUM(D6:D18). Esta instrucción suma los residuos cuadrados de los *n* datos observados. Ahora solo falta minimizar el contenido de la celda B4. Sin embargo, es importante notar que encontrar el mínimo no es un trabajo fácil; para lograr esta tarea es muy importante graficar los valores observados y los predichos por el modelo (Figura 4), mientras más

cerca se encuentren estas dos graficas más fácil será obtener el mínimo. ¿Cómo logro acercar estas dos graficas? Cambiando manualmente los valores de los parámetros del modelo de tal forma que el valor de la suma de los residuos (Celda B4) disminuya. Por ejemplo, al principio se propuso como valor de L_∞ el valor 80, y esto generó un valor de la suma de residuos de 11028.7. Si se cambia el valor inicial del parámetro L_∞ a 78, la suma de residuos disminuirá a 9690.4 y las gráficas estarán más cerca. Lo mismo se puede hacer con el resto de los parámetros. Cabe mencionar que los valores iniciales de los parámetros se basan en los conocimientos que tiene el investigador sobre el fenómeno o en su experiencia. Por ejemplo, para el parámetro L_∞, solo hay que observar cual es la longitud máxima registrada en los datos y definir L_∞ como un valor mayor. En nuestro ejemplo, la máxima longitud de la merluza fue de 61.8, así que un valor inicial de dicho parámetro podría ser 70 u 80 y se podría mejorar observando el comportamiento de la suma total de cuadrados al cambiar el valor del parámetro.

6. Ahora se necesita minimizar esa suma de residuos; para lograrlo se tiene que usar un algoritmo de optimización. En Excel, este algoritmo se encuentra implementado en una subrutina llamada Solver. En general la subrutina Solver no viene instalada por default en Excel, así que hay que instalarla. Dependiendo de la versión de Excel existen distintas formas de instalar Solver, una búsqueda en internet con "Solver" y tu versión de Excel te dará la respuesta a como instalar dicha subrutina. Aquí se usará como ejemplo la instalación de Solver para Excel para Mac versión 16.23 en inglés. Para instalar Solver, se tiene que ir al menú principal y seguir los siguientes pasos: *Tools → Excel Add-ins*. Aparecerá una ventana en donde hay que seleccionar *Solver Add-In* y dar *Ok*. Una vez instalado Solver, generalmente la subrutina se encuentra localizada en el menú de *Data* (Datos) del menú Ribbon (listón). Al dar click a *Solver* se podrá observar la pantalla (Figura 5) en la cual aparecen varias ventanas de entrada para la subrutina *Solver*. En la ventana *Set Objective* teclearemos la celda "B4", en

seguida se seleccionará la opción *Min* para minimizar. En la celda *By Changing Variable Cells* teclearemos B1:B3. En la celda *Select a Solving Method* asegurarse de que la opción *GRG Nonlinear* este seleccionada. Es importante que dar un click en el botón *Options* donde aparecerá una nueva ventana (Figura 6) y asegurarse de que la opción *Use Automatic Scaling* este seleccionada, dar *Ok* para regresar a la ventana anterior. Ahora estamos listos para correr Solver, solo hay que oprimir el botón *Solve* para encontrar la solución. Después de unos instantes, aparecerá una nueva ventana donde se comenta que se encontró la solución (Figura 7), hay que asegurarse de que la opción *Keep Solver solution* esta seleccionada y dar *Ok*; los resultados de la estimación de los parámetros parecerán en las celdas correspondientes y se verá una coincidencia entre los valores observados y las predicciones del modelo (Figura 8). En las celdas B1:B3 se verán las estimaciones de los parámetros que minimizan la suma de cuadrados.

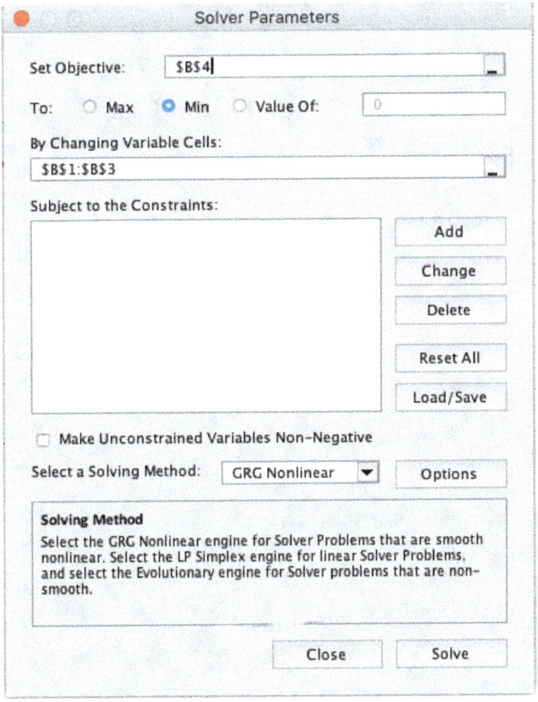

Figura 5. Ventana para la selección de parámetros de la subrutina Solver.

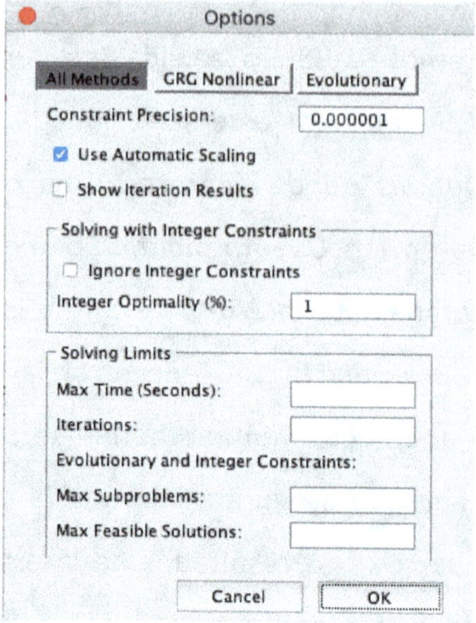

Figura 6. Ventana de opciones de la subrutina Solver.

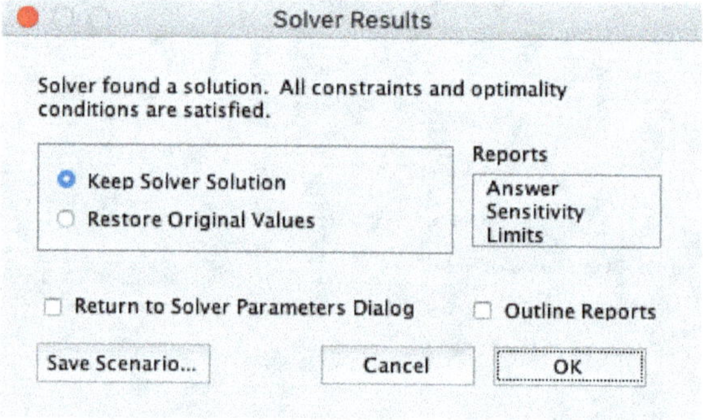

Figura 7. Ventana de solución de la subrutina Solver.

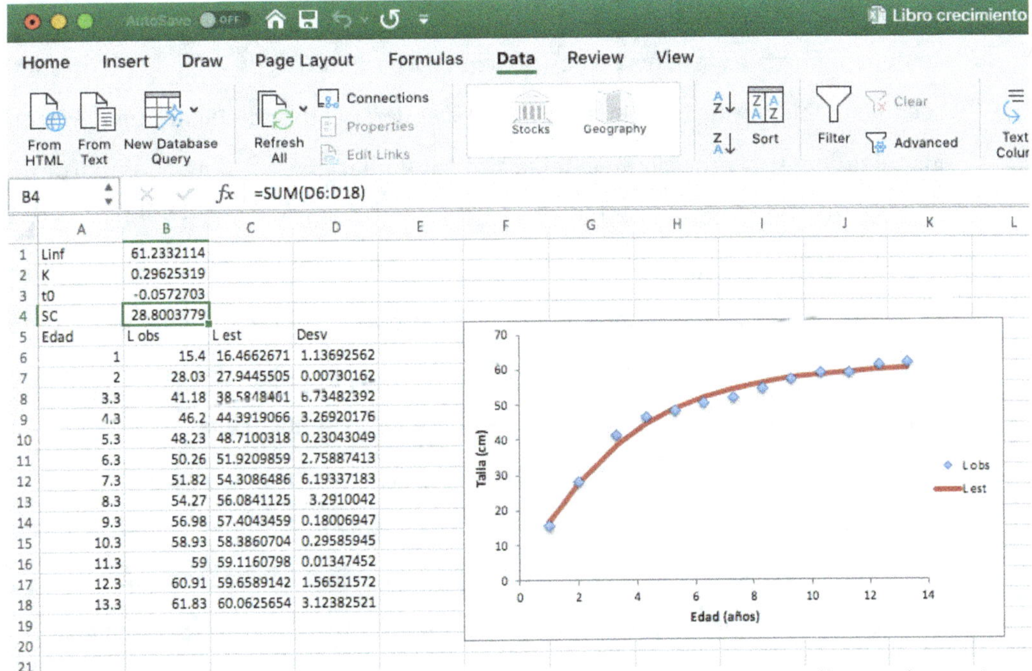

Figura 8. *Resultados de la estimación de los parámetros del modelo de von Bertalanffy para el crecimiento de la merluza.*

7. Hay que repetir este procedimiento varias veces usando las últimas estimaciones como valores iniciales hasta que las estimaciones de los parámetros ya no cambien. También hay que repetir este procedimiento con distintos valores iniciales para asegurarnos de que se obtengan los mismos valores de los parámetros y que se ha encontrado el mínimo global y no un mínimo local.

En general si se obtiene un error al correr *Solver*, la solución es cambiar los valores iniciales y disminuir la suma de cuadrados lo más posible. Existen algunos modelos de stock – reclutamiento como los de Ricker (1954) y Beverton y Holt (1957) para los cuales es muy difícil obtener una solución y requieren de técnicas más avanzadas para su solución.

Excel es un buen software; sin embargo, tiene ventajas y desventajas. La principal ventaja de Excel es que es muy didáctico; se puede entender fácilmente el papel que juegan los cuatro elementos del proceso de estimación (datos, modelo, criterio de ajuste y software) y también se facilita hacer la depuración del modelo (debugging) para buscar un posible error. Debido a esto, cuando no se tienen mucha experiencia en estimación de parámetros de un modelo, es muy recomendable iniciar la estimación con Excel, lo cual proporcionará una imagen global de nuestro proceso de estimación. Sin embargo, un problema importante del uso de Excel para la estimación de los parámetros de un modelo es la carencia de la estimación de la incertidumbre de los parámetros y de las variables de estado. Es importante mencionar que el valor de un análisis basado en un modelo se basa no solamente en su habilidad para generar una estimación puntual precisa de un resultado específico, sino también en la examinación sistemática y el reporte responsable de la incertidumbre asociada a dicho resultado (Briggs et al., 2012). Se ha intentado resolver el problema de cálculo de incertidumbre de los parámetros con el uso de Excel y Cadenas de Markov Monte Carlo (Hu et al., 2015); sin embargo, una mejor opción para calcular la incertidumbre de los parámetros, indicadores y variables es el uso del concepto de verosimilitud, estimación por métodos de máxima verosimilitud y el paquete estadístico R.

8. Ahora el último paso de este laboratorio es repetir todo el procedimiento de estimación de parámetros por mínimos cuadrados para los modelos de Ricker (Ecuación 10) y Gompertz (Ecuación 11). Los resultados incluyendo las estimaciones de los parámetros y las gráficas se encuentran en el Anexo 1.

Capitulo III El paquete estadístico R

R es una de las herramientas estadísticas más importantes usadas en el mundo. R fue desarrollado por Ross Ihaka y Robert Gentleman de la Universidad de Auckland en Nueva Zelanda, actualmente su desarrollo está a cargo del *R Development Core Team*. R puede ser considerado como una implementación del lenguaje de programación S desarrollado por John Chambers en 1976 cuando trabajaba en los laboratorios Bell. Mas información sobre la historia de R se encuentra en las siguientes páginas:

https://en.wikipedia.org/wiki/R_(programming_language)

https://www.r-project.org/

R es un conjunto integrado de herramientas de software para la manipulación de datos, el cálculo y la visualización gráfica. Entre otras cosas tiene (Venables et al., 2019):

- Una instalación efectiva de manejo y almacenamiento de datos,

- Un conjunto de operadores para cálculos en arreglos, en particular matrices,

- Una colección grande, coherente e integrada de herramientas para el análisis de datos,

- Herramientas gráficas para el análisis y visualización de datos ya sea directamente en la computadora o en una copia impresa, y

- Un lenguaje de programación bien desarrollado, simple y efectivo (llamado "S") que incluye condicionales, loops, funciones recursivas definidas por el usuario y subrutinas de entrada y salida.

En la actualidad hay una gran variedad de libros sobre R y algunos temas específicos de estadística, por ejemplo, entre los libros sobre temas generales de R se encuentran: Venables et al. (2019), Crawley (2013), James et al. (2013), Wickham y Grolemund (2017). Para aplicaciones en las ciencias biológicas se puede consultar Ogle

(2016), Zuur et al. (2009), Henry (2009). Muchas versiones de libros gratuitos en pdf se pueden encontrar en internet.

Entre las grandes ventajas de R se encuentran su gratuidad y que es un software abierto. La descarga del paquete estadístico R se hace en la siguiente dirección:

https://cran.r-project.org/mirrors.html

en la cual hay que seleccionar un espejo y el sistema operativo de tu computadora e iniciar la descarga. Vale la pena mencionar que, a diferencia de Excel, el código de R es muy portable, es decir, funciona en todos los sistemas operativos (Windows, Mac, Linux, IOS) sin cambios o con cambios menores.

También hay aplicaciones para las Tabletas y el teléfono. En algunas páginas de Internet se puede correr código de R gratuitamente sin instalación en el disco duro local:

https://rdrr.io/snippets/

En general no se trabaja directamente con R, sino que se trabaja con una interfaz gratuita para facilitar el trabajo. La interfaz es RStudio que se descarga de la siguiente dirección:

https://www.rstudio.com/products/rstudio/download/

donde hay que seleccionar la versión gratuita. Después de instalarlo y abrir la aplicación se puede observar que RStudio está compuesto por cuatro ventanas principales (Figura 9). En la ventana superior izquierda se encuentra un editor de texto que permite salvar, modificar y correr el código. En la ventana superior derecha se encuentra información sobre los objetos definidos en el medioambiente R. En la ventana inferior izquierda se encuentra el paquete estadístico R, ahí se verá como corre el código y los resultados. En la ventana inferior derecha se podrán encontrar principalmente las gráficas y la ayuda sobre instrucciones de R.

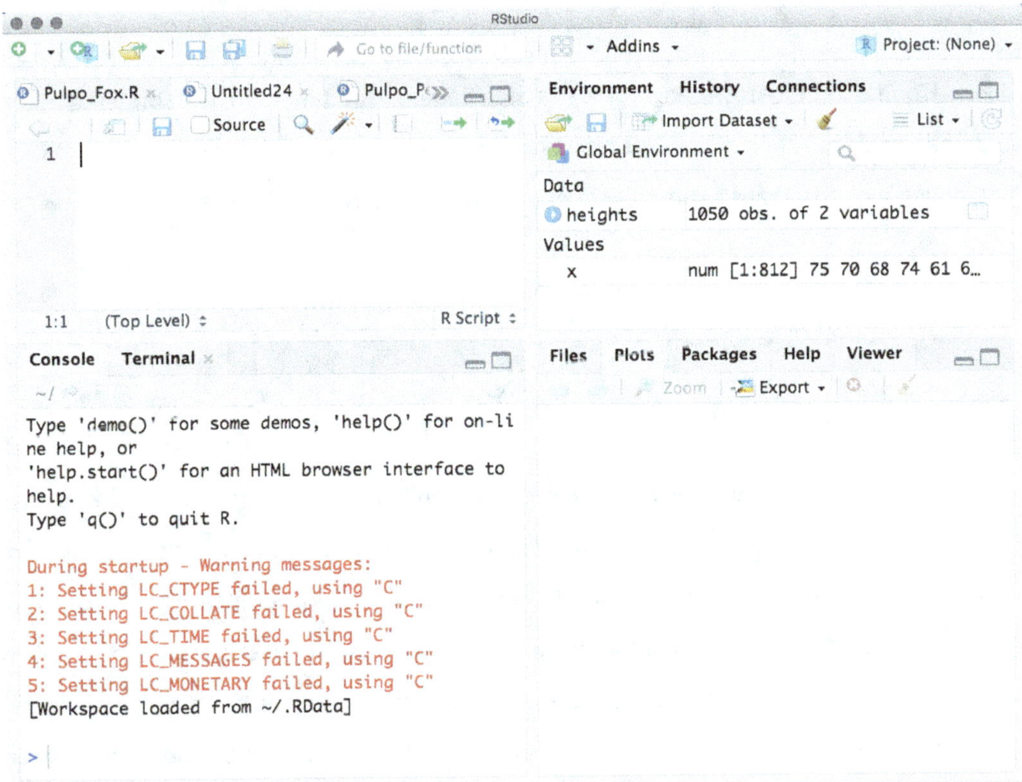

Figura 9. Interfaz de RStudio para el manejo del paquete estadístico R.

A continuación, se revisarán algunos conceptos básicos de R que servirán más adelante para la modelación y la estimación de parámetros. Los datos son lo más importante en el análisis estadístico. R admite una amplia variedad de tipos de datos como: escalares, caracteres, vectores, matrices, marcos de datos (data frames) y listas. Un escalar es una cantidad que puede tener un solo valor en cierto tiempo; por ejemplo, el valor 1.5 es un escalar. Un carácter es cualquier letra, número, espacio, signo de puntuación o símbolo que se puede escribir en una computadora, por ejemplo @ es un carácter.

Un vector es una secuencia de elementos de datos del mismo tipo básico, por ejemplo, x = (4, 3, 2, 1) es un vector. Una matriz es una colección de elementos de datos dispuestos en un diseño rectangular bidimensional del mismo tipo básico; por ejemplo, la siguiente es una matriz de 2 renglones y 4 columnas:

$$A = \begin{pmatrix} 1 & 4 & 2 & 7 \\ 0 & 5 & 5 & 9 \end{pmatrix}$$

Un marco de datos (data frame) es más general que una matriz, debido a que las columnas pueden tener diferentes tipos de datos básicos. Este tipo de datos es el que más se usará en los análisis futuros. Un ejemplo de un marco de datos es el siguiente:

$$datos = \begin{pmatrix} Zona & Especie & Abundancia \\ 1 & A & 30{,}309 \\ 2 & B & 19{,}346 \\ 2 & A & 76{,}249 \end{pmatrix}$$

El siguiente concepto es el de objeto; todo en R se puede definir como un objeto. Un objeto es una estructura de datos que tiene algunos atributos y métodos que actúan sobre dichos atributos. Un objeto puede ser un carácter, una gráfica, un vector, una tabla, un marco de datos, los resultados de un análisis estadístico, etc. En R a los objetos se les asignan valores usando los caracteres "<-". También se puede usar el símbolo de igualdad "=", pero en general se prefiere usar "<-". Ahora se usará RStudio para mostrar claramente el concepto de objeto. Hay que empezar por situar el cursor en la ventana superior izquierda de Rstudio, y ahí se teclea el siguiente código:

```
x <- 5
```

Después se oprimen al mismo tiempo las teclas cmd y enter (Control y enter para Windows) para correr el código. Se observa en la ventanilla superior derecha donde se muestra la lista de objetos existentes en memoria que aparece "x 5" que significa que se ha definido un objeto llamado x que tiene un valor de 5. En la ventanilla inferior izquierda donde corre R, aparece "> x<-5". También podemos definir otro objeto como un conjunto de caracteres con el siguiente código:

```
mi_nombre <- "Jesus"
```

Al ejecutar el código (*cmd + enter*) en la ventana superior derecha se podrá apreciar *mi_nombre* *"Jesus"*. Para recuperar los valores de los objetos, se tiene que teclear el nombre del objeto y ejecutar el código:

x

En la pantalla inferior izquierda se podrá apreciar:

```
> x
[1] 5
```

También se puede usar el objeto directamente para cálculos, para suma:

x + 3

al ejecutar el código se obtendrá:

```
> x+3
[1] 8
```

Intenta utilizar el código para hacer una multiplicación (*) y una división (/). Un vector en R se define con la instrucción concatenar "c", como se muestra en el siguiente código:

```
x <- c(1,2,3,4,5,6,7,8,9,10)
```

donde x es un vector y c es la función concatenar que construye un vector con los números incluidos en el paréntesis. El siguiente concepto importante es la secuencia de números. Una secuencia de números es un vector y se puede definir usando la instrucción seq; por ejemplo, el vector anterior se puede definir con seq en lugar de c:

```
x <- seq(1,10)
```

la instrucción anterior define una secuencia del 1 al 10, al recuperar los valores de x se obtiene el siguiente resultado:

> x

[1] 1 2 3 4 5 6 7 8 9 10

Se puede cambiar el incremento de la secuencia con un tercer parámetro, por ejemplo:

x <- seq(1,10,0.5)

construirá una secuencia del 1 al 10 con incrementos de 0.5 en 0.5:

> x

[1] 1.0 1.5 2.0 2.5 3.0 3.5 4.0 4.5 5.0 5.5 6.0 6.5 7.0 7.5
[15] 8.0 8.5 9.0 9.5 10.0

Cuando los incrementos son de una unidad se puede usar simplemente:

x <- 1:10

La siguiente herramienta importante es la graficación. Para hacer una gráfica de dispersión se usa la instrucción *plot*. El siguiente ejemplo construye la gráfica de la función raíz cuadrada. El primer paso es definir una secuencia del 0 al 100 con incrementos de 0.1 con la siguiente instrucción:

x <- seq(0, 100, 0.1)

ahora definamos el objeto y como la raíz cuadrada de x con el siguiente código:

y <- sqrt(x)

donde sqrt (square root) es la instrucción para la raíz cuadrada. El siguiente paso es construir la gráfica con el siguiente código:

plot(x,y)

El resultado final se muestra a continuación (Figura 10). Otras funciones importantes son sin(x) para el seno de x; cos(x) para el coseno de x; log(x) para el logaritmo natural de x; log(x, base=2) para el logaritmo base 2 de x; exp(x) para la función exponencial de x; x^2 para x^2. Como ejercicio el lector podría construir las gráficas de las siguientes funciones reales: a) $f(x) = x^3$; b) $f(x) = \log_{10}(x)$ y c) $f(x) = x\,sen(x)$.

Solo hay que tener cuidado con la definición del dominio de cada función al definir la secuencia correspondiente.

La graficación en R es una herramienta muy poderosa, existe el paquete básico de graficación, que es el que se usará. Sin embargo, es importante mencionar que existe otro paquete todavía más poderoso para graficar que es el paquete ggplot2.

La instrucción plot tiene muchas opciones para mejorar la gráfica. Una lista completa de las opciones se obtiene al teclear y ejecutar *help("plot")* en la ventana de R (inferior izquierda).

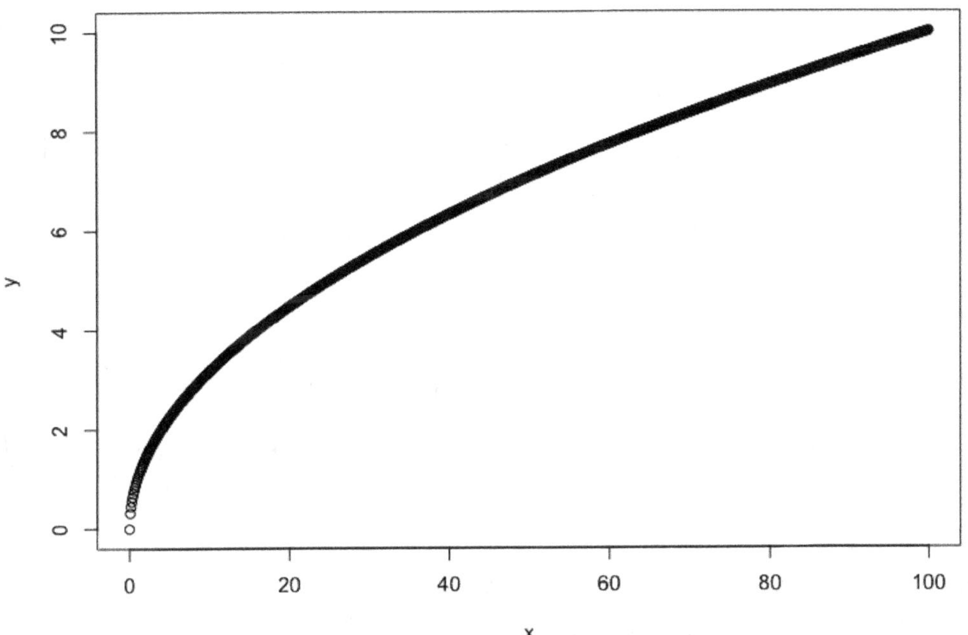

Figura 10. Grafica de la función raíz cuadrada.

Para ilustrar algunas opciones de la instrucción *plot* usaremos datos de crecimiento de la merluza del Pacifico (*Merluccius productus*) analizados por Kimura (1980), el primer paso es definir el vector de edades y de tallas con el siguiente código:

edad <- c(1.0, 2.0, 3.3, 4.3, 5.3, 6.3, 7.3, 8.3, 9.3, 10.3, 11.3, 12.3, 13.3) tallas <- c(15.4, 28.03, 41.18, 46.20, 48.23, 50.26, 51.82, 54.27, 56.98, 58.93, 59.0, 60.91, 61.83)

Ahora se grafica con el siguiente código:

plot(edad, tallas)

La grafica resultante se muestra a continuación (Figura 11):

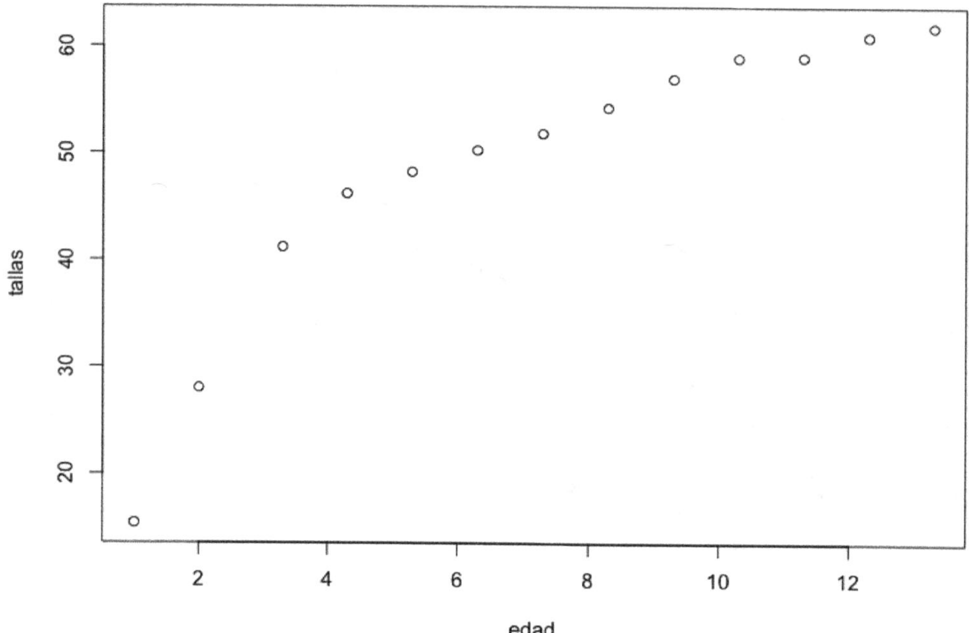

Figura 11. Talla promedio por edad de la merluza del Pacifico.

Ahora se mejorará la gráfica agregando opciones. La primera opción es el tipo de área de graficación con *bty* (box type), para cambiar se usan dos opciones, la primera es *bty="n"* que tiene como consecuencia eliminar el marco del área de graficación (Figura 12a). La segunda opción es *bty="l"*, cuyo resultado se muestra enseguida (Figura 12b). El código completo se muestra a continuación:

par(mfrow=c(1,2))

plot(edad, tallas, bty="n")

text(3.5,60, "a)")

```
plot(edad, tallas, bty="l")
text(3.5,60, "b)")
```

donde *par* es una instrucción que permite arreglar dos graficas en un renglón y dos
columnas. Por su parte text permite insertar un texto ("a)") en la posición (x=3.5, y=60)

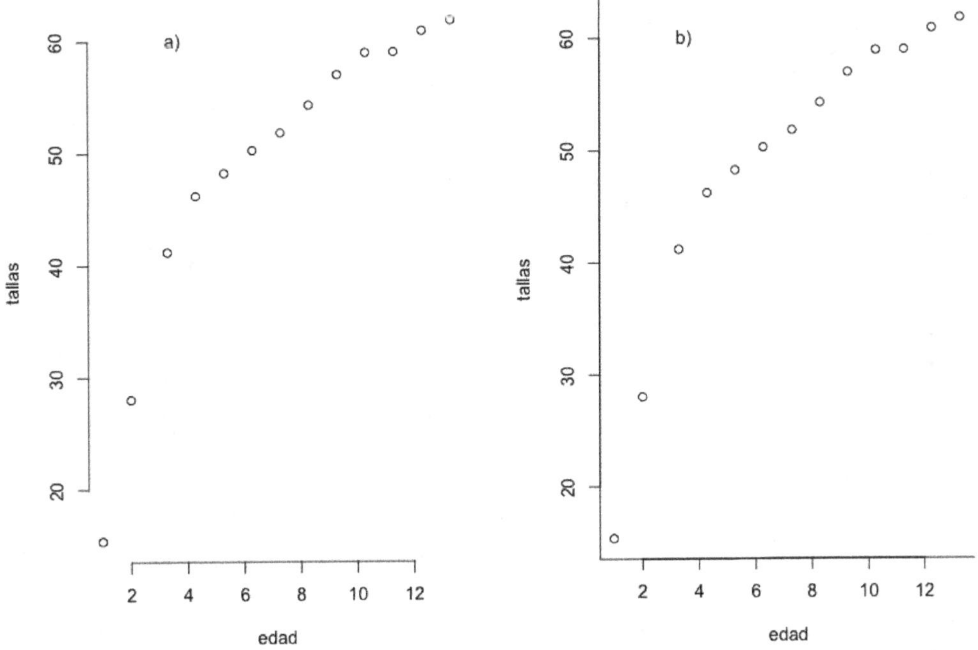

Figura 12. Dos opciones para el área de graficación de una figura.

La siguiente opción de grafica es el tipo de carácter que se usa para los puntos de
la gráfica. Por defecto R usa el carácter mostrado anteriormente (Figura 11, Figura 12);
sin embargo, se puede cambiar el carácter usando la opción *pch = 19* (point character).
Al Cambiar el valor de *pch* cambia el carácter usado en la gráfica, se invita al lector a
explorar varias opciones numéricas para observar el resultado en la gráfica. El código y
la gráfica resultante se muestra a continuación (Figura 13a). Otra opción interesante es
graficar una línea en lugar de los puntos, esto se logra con la opción *type="l"* (l línea). La

opción *type="b"* (both, ambos) permite graficar puntos y líneas al mismo tiempo. El código y la figura resultante se muestra enseguida (Figura 13, derecha):

```
par(mfrow=c(1,2))
plot(edad, tallas, bty="l", pch=19)
text(3.5,60, "a)")
plot(edad, tallas, bty="l", type="l")
text(3.5,60, "b)")
```

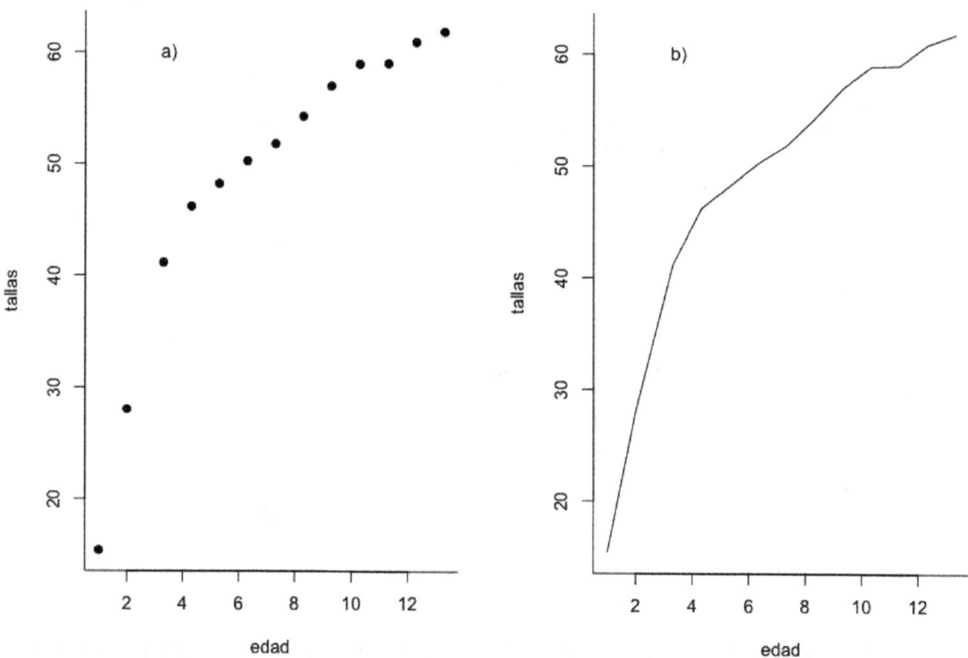

Figura 13. a) grafica con cambio de carácter para los puntos, b) grafica con línea en lugar de carácter

Otra opción para mejorar una gráfica es cambiar el color del carácter/línea; esto se logra con el uso de la opción *col=4*, el 4 corresponde al color azul, el 2 al rojo y el 3 al verde. Se invita al lector a que de distintos valores numéricos para obtener distintos colores en los caracteres de las gráficas. La opción de color de caracteres también se puede usar con los nombres de los colores en inglés, por ejemplo: col="lightblue". En la siguiente página se muestra la paleta básica de colores que se puede usar en la graficación en R:

http://www.stat.columbia.edu/~tzheng/files/Rcolor.pdf

Otra forma importante de mejorar una gráfica es la adición de los nombres de los ejes, esto se logra con las opciones *xlab = "Edad"* y *ylab = "Talla (cm)"*. El código completo y la gráfica (Figura 14) se muestran a continuación:

```
dev.off()
par(mfrow=c(1,1))
plot(edad, tallas, bty="l", pch=19,col=2,xlab = "Edad", ylab = "Talla (cm)")
```

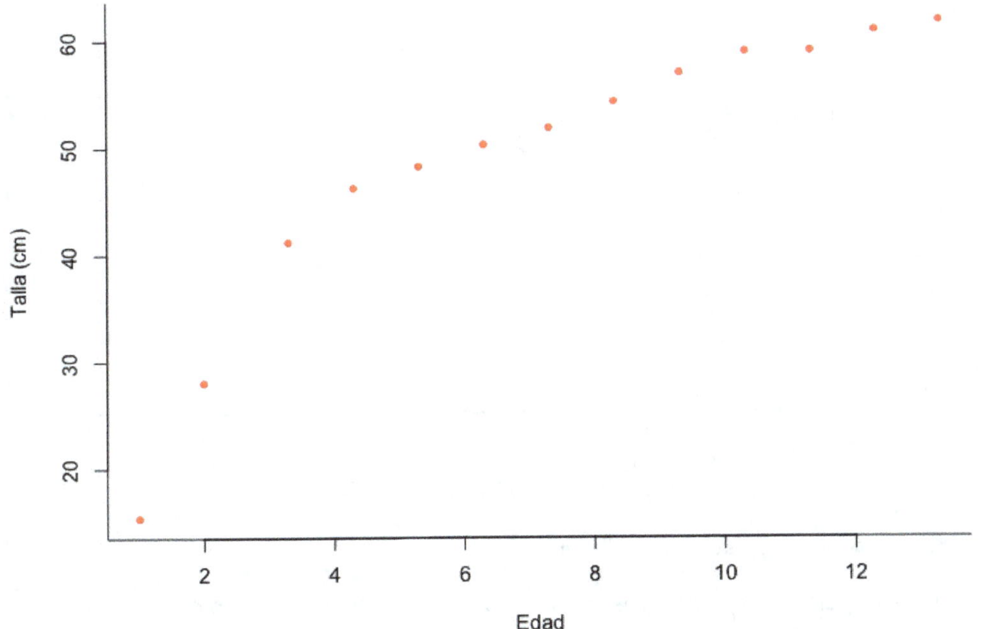

Figura 14. Grafica que incluye cambios en los nombres de los ejes, tipo de caracteres y color de caracteres.

En el código anterior se usó *dev.off()* para borrar las gráficas anteriores, pues el formato de graficación incluye dos graficas en un renglón. Si no se usa esta instrucción, la nueva grafica aparecerá en el primer lugar del arreglo. Si se desea borrar solo la última grafica se puede usar *dev.new()*. Como se puede observar en la Figura previa (Figura 14), R por default no inicia el eje Y en cero; sin embargo, R proporciona una opción para cambiar los límites de los ejes: *xlim=c(0, 15)* and *ylim=c(0,80)*, el código y los efectos producidos se pueden apreciar a continuación (Figura 15):

```
plot(edad, tallas, bty="l", pch=19,col=2,xlab = "Edad", ylab = "Talla (cm)", xlim=c(0, 15),
ylim=c(0,80))
```

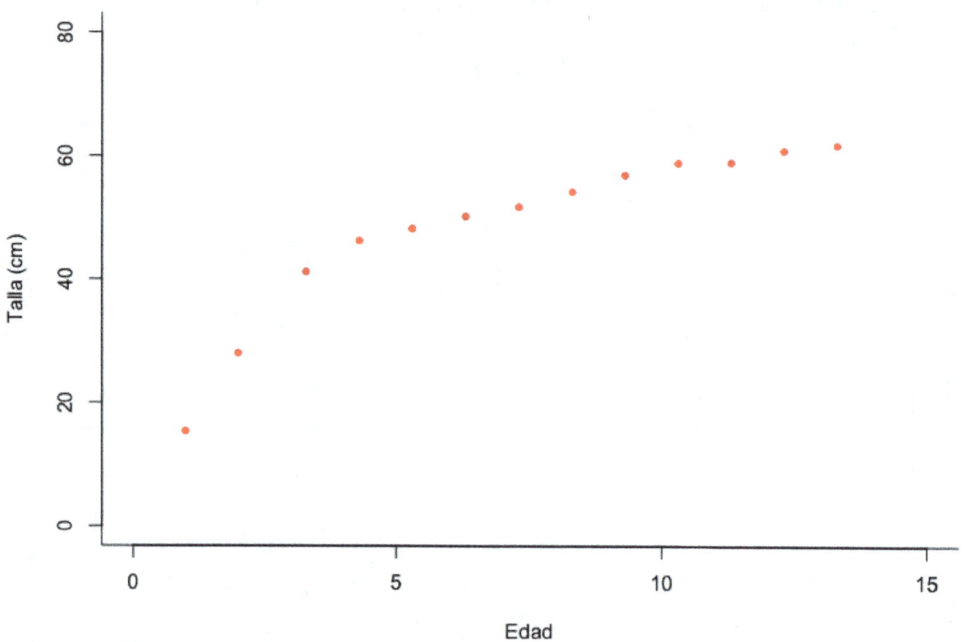

Figura 15. Grafica con cambio de límites en los ejes.

Otras opciones importantes en la instrucción *plot* es el cambio de tamaño de fuente en los nombres de los ejes con *cex.lab = 1.2*. Un número mayor a la unidad aumenta el tamaño de la fuente. Similarmente, *cex.axis* cambia el tamaño de la fuente de los ejes. La opción *las=1* (horizontal) cambia la orientación de las etiquetas de los ejes. La opción *las* tiene 4 posibles valores: 0, 1, 2, 3. Se invita al lector a probar dichos valores para ver el efecto en la gráfica. Cabe mencionar que, por default, R provee una etiqueta en la parte superior de la gráfica, en general se recomienda no incluir esta etiqueta y cualquier información importante se incluida en el pie de figura. La opción para evitar la etiqueta superior es main=" ".

Para graficar dos funciones en una sola grafica se puede usar la instrucción *lines* o *points* después de la instrucción *plot* como se muestra en el siguiente código:

```
x <- seq(1,10,.1)
plot(x, x^2, type = "l", col=2, ylim = c(-110, 110), bty="l", lwd=2)
lines(x,-x^2,col=4,lwd=2)
legend("bottom",legend=c("x2","-x2"),col=c("red","blue"),lty=1,lwd=2,bty="n")
```

La primera instrucción define una secuencia de números que será usada para el dominio de las funciones. La siguiente línea de código grafica la función $f(x) = x^2$ con varias opciones como el color (*col=2*), el ancho de la línea (line wide, *lwd=2*), los límites del eje Y (*ylim = c(-110, 110)*). La tercera línea de código adiciona la función $f(x) = -x^2$ a la gráfica existente con sus propias opciones. La última línea de código agrega una leyenda (legend) a la gráfica para distinguir las funciones. La opción "bottom" sitúa la leyenda en la parte inferior de la gráfica; la opción legend=c("x2","-x2") incluye los letreros o etiquetas de las funciones que se presentan en la leyenda; también se incluye colores para las líneas en la leyenda (col=c("red, blue")); lty=1 da una línea solida en la leyenda; bty="n" elimina el marco de la leyenda. Se invita al lector a revisar con más detalle las opciones de la leyenda en la ayuda de R (?legend). La grafica resultante se muestra enseguida (Figura 16). Los conceptos de graficación revisados son una herramienta muy poderosa que permiten desarrollar gráficos de alta calidad para el trabajo profesional.

Otro aspecto importante para la estimación de parámetros es la lectura de archivos externos en R. En general los investigadores, estudiantes y profesionales tienen sus datos en archivos de Excel. Aunque se pueden leer los archivos de Excel directamente en R usando el paquete *readxl*, se recomienda convertir los archivos de

Excel en archivos con formato separado por comas (.csv, comma separated values). Para lograr esta tarea tecleemos los datos de edad y tallas mostrados anteriormente (*Tabla 1*) en un archivo de Excel. Ahora se necesita salvar los datos como un archivo csv. Para realizar esta tarea hay que ir al Menú principal y seleccionar *File* y después seleccionar *Save as*. En la ventana emergente en *File Format* seleccionar *Comma Separated Values* (.csv), introducir el nombre del archivo y dar click en Save. El archivo será salvado en la dirección seleccionada.

Cabe mencionar que un paso importante es copiar el archivo al directorio de trabajo. Para conocer cuál es el directorio de trabajo actual se usa la siguiente línea de código:

```
getwd()
```

Para cambiar el directorio de trabajo, hay que usar la siguiente línea de código (para Windows):

```
setwd("C:/R")
```

Antes de usar esta instrucción, hay que crear un folder llamado "R" en el directorio C: y para Mac se usa la siguiente instrucción:

```
setwd("/Users/nombre_usuario/R")
```

donde nombre_usuario es el nombre del usuario que se registró al configurar la Mac por primera vez. Una vez definido el directorio de trabajo, se copia el archivo *csv* a dicho directorio para poder leer el archivo. Cabe mencionar que el usar archivos *csv* tiene una gran ventaja; en general el tamaño de un archivo *csv* es mucho más chico que un archivo de Excel. Esto es muy útil cuando la base de datos es muy grande; el archivo *csv* por ser más chico no requiere tanto uso de memoria, lo cual implica una mayor rapidez en la ejecución del código. Para asignar los datos a un objeto se usa la siguiente línea de código:

```
datos<- read.csv("merluza.csv", header = T)
```

Con la instrucción anterior el contenido del archivo merluza.csv se deposita en el objeto datos. La opción header= se usa para los encabezados de las columnas de datos. Si las columnas tienen nombre se tiene que usar T (true), si no tienen nombre se puede usar F (false) y R por default asignará los nombres *V1*, *V2…Vn* a las variables existentes. Existen otros tipos de archivos (txt, dat…), ellos se pueden leer con una instrucción diferente:

```
datos<- read.table("merluza.txt", header = T)
```

La exploración de la estructura del objeto se puede hacer con varias instrucciones. Por ejemplo, *head(datos)* dará los primeros seis renglones del objeto. Análogamente, *tail(datos)* dará los últimos seis renglones del objeto. El número de renglones a mostrar se puede modificar con *head(datos, n=3)*, en este caso solo se mostrarán los primeros tres renglones. La instrucción dim(datos) nos dará la dimensión del objeto. Por su parte, names(datos) dará los nombres de las variables incluidas en el objeto. Una instrucción útil es *summary(datos)* que dará un resumen estadístico de los datos. Si los datos son numéricos, incluirá los valores máximo y mínimo, la media, la mediana, y el primer y el tercer cuartil, como se muestra a continuación:

```
> summary(datos)
   Edad           Longitud
 Min.   : 1.000   Min.   :15.40
 1st Qu.: 4.300   1st Qu.:46.20
 Median : 7.300   Median :51.82
 Mean   : 7.254   Mean   :48.70
```

3rd Qu.:10.300   3rd Qu.:58.93

Max. :13.300   Max. :61.83

Ahora es fácil manipular los datos. La primera forma de acceder los datos es usar el símbolo $; por ejemplo, para cambiar los datos de longitud en centímetros a metros, se usa la siguiente instrucción:

```
datos$Longitud <- datos$Longitud/100
```

La segunda forma de acceder las variables es usar la instrucción *attach* que permite acceder directamente a la variable; por ejemplo, el siguiente código:

```
attach(datos)
Longitud <- Longitud/100
```

permitirá acceder las variables directamente sin usar el signo $. Ahora ya se tienen los elementos necesarios para realizar el Laboratorio 2 para estimar los parámetros de un modelo con ayuda del paquete estadístico R.

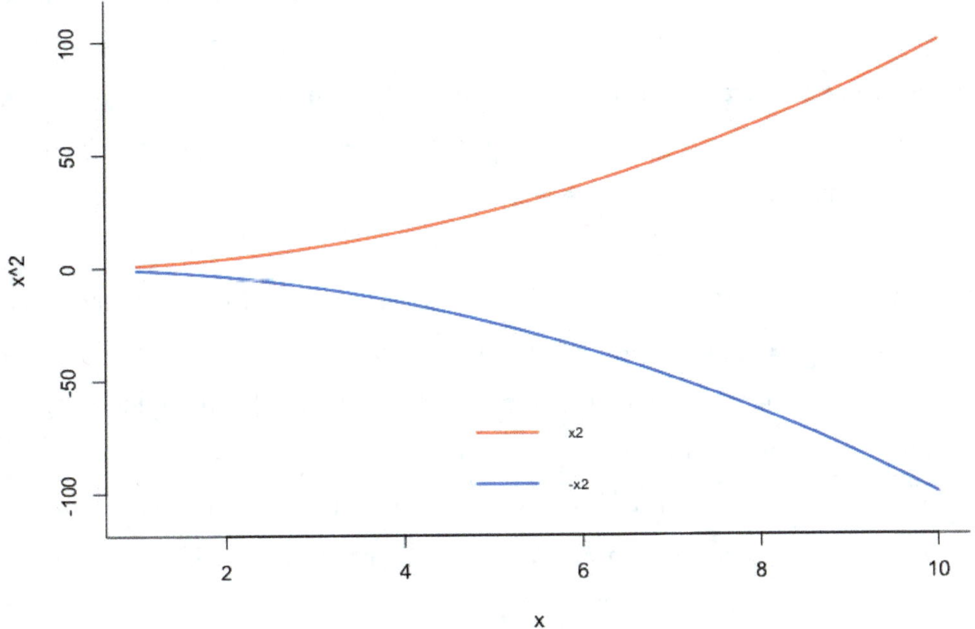

Figura 16. Adición de una segunda función y una leyenda a una gráfica existente.

Laboratorio 2.

En el presente laboratorio se repetirá el proceso de estimación de los parámetros, pero ahora con el paquete estadístico R que tiene la gran ventaja de permitir estimar la incertidumbre de los parámetros, tarea que no es posible en Excel a menos que se use otro método como Bootstrap. Para la estimación de los parámetros del modelo logístico de crecimiento hay que seguir los siguientes pasos:

1. Construye un archivo en Excel que contenga la información mostrada anteriormente (Tabla 1), no olvidar quitar las unidades de las variables. Ahora salva el archivo con formato separado por comas y usa el nombre merluza.csv. Sitúa este archivo en tu directorio de trabajo.

2. Ahora es necesario graficar los datos observados de las tallas de la merluza. El primer paso es abrir el archivo y pasar la información al objeto merluza con la siguiente instrucción:

```
merluza <- read.csv("merluza.csv", header=T)
```

ahora usemos las instrucciones *dim, names, head,* y *summary* para obtener información básica sobre los datos:

```
dim(merluza)
names(merluza)
head(merluza)
summary(merluza)
```

La salida que se obtiene es la siguiente:

```
> merluza <- read.csv("merluza.csv", header=T)
> dim(merluza)
[1] 13  2
> names(merluza)
[1] "Edad"    "Longitud"
> head(merluza)
  Edad Longitud
1 1.0   15.40
```

```
2 2.0   28.03
3 3.3   41.18
4 4.3   46.20
5 5.3   48.23
6 6.3   50.26
> summary(merluza)
     Edad             Longitud
 Min.   : 1.000    Min.   :15.40
 1st Qu.: 4.300    1st Qu.:46.20
 Median : 7.300    Median :51.82
 Mean   : 7.254    Mean   :48.70
 3rd Qu.:10.300    3rd Qu.:58.93
 Max.   :13.300    Max.   :61.83
```

Como se mencionó anteriormente, *head* muestra los primeros seis renglones de la base de datos, *dim* nos muestra la dimensión del arreglo, *names* los nombres y *summary* nos muestra la estadística básica de las dos variables Edad y Longitud. Ahora se graficarán estos datos usando el siguiente código:

```
par(mfrow=c(1,1), mar=c(4,4,0,0), omi=c(0.1,0.1,0.1,0.1))
plot(merluza$Edad, merluza$Longitud, xlab = "Edad", ylab = "Longitud",
     bty="n", ylim = c(0,80),xlim = c(0,15), pch=19,col=4,cex.lab=1.2,cex=1.3)
```

La instrucción *par* se usa para establecer los parámetros de la gráfica. La opción *mfrow=c(1,1)* indica que se graficara una sola grafica en una sola figura. Si fuera *mfrow=c(2,1)* indicaría dos graficas arregladas en dos renglones y una columna. La opción para los márgenes *mar=c(4,4,0,0)* indica un vector con cuatro valores que controla el espacio entre los ejes y el borde de la gráfica, el primer valor corresponde a la parte inferior de la gráfica y los valores van en el sentido contrario a las manecillas del reloj. Por otra parte, *omi=c(0.1,0.1,0.1,0.1)* indica un vector que provee el tamaño de los márgenes exteriores en pulgadas. Se invita al lector a cambiar los valores de las opciones *mar* y *omi* que se encuentran en la instrucción *par* para ver el efecto producido en la gráfica. La mayoría de las opciones para graficar se revisaron en el Capítulo II, la gráfica producida se muestra enseguida (Figura 17).

A pesar de que en un principio escribir código en R podría representar cierta dificultad, una vez que se familiariza con la programación en R, el cambiar y/o mejorar la gráfica es muy simple y rápido comparado con el trabajo que se tiene que hacer en Excel.

3. Ahora se estimarán los parámetros L_∞, K e I del modelo logístico (Ecuación 10) y sus incertidumbres. El primer paso es buscar buenos valores iniciales para los parámetros, esto se hará iterativamente graficando, con el siguiente código:

```
Linf <- 65
I <- 1.5
K <- 0.5
```

El primer parámetro definido como objeto en R es *Linf*, como ya se mencionó, un buen valor inicial para este parámetro es un valor un poco más alto que el máximo valor observado (61.83) es por eso por lo que por simplicidad seleccionamos 65. El segundo parámetro es I que representa la edad en la cual se da el punto de inflexión de la curva de crecimiento, un valor adecuado sería 1.5. El ultimo parámetro es K, es el más difícil de determinar, en general suponemos que es menor que uno, después de varios intentos se selecciona 0.5 como un buen valor inicial. El siguiente paso es iniciar la variable L que representará el vector de longitud estimada o predicha con la función *rep* que repetirá el valor "1" 13 veces que corresponde a las clases de edad que tiene la merluza con el siguiente código:

```
Linf<-65
K <- .5
I <- 1.5
L<-rep(1,13)
```

Cabe mencionar, que para inicializar un vector se puede usar cualquier número o incluso la ausencia de datos "Na", por lo que la última instrucción también se podría escribir como: L <- rep("Na",13).

Ahora se usará la instrucción *for* que es un loop. Un loop es una forma de repetir una secuencia de instrucciones bajo ciertas condiciones. Un loop permite automatizar partes de tu código que necesitan repetirse. La sintaxis del loop *for* requiere la definición de un índice *i* que va de 1 a 13 (coincidiendo con las clases de edad de la merluza), las llaves indican el inicio y final del código dentro del loop que en este caso es solo una instrucción que representa la ecuación logística de crecimiento:

```
Linf<-65
K <- .5
I <- 1.5
L<-rep(1,13)
for (i in 1:13){

 L[i]<-Linf/(1+exp(-K*(i-I)))

}
```

El objetivo es adicionar los valores calculados por el modelo logístico a la gráfica de los valores observados de la talla de la merluza (Figura 17). Para lograr esto, en el siguiente sector del código, se define un vector x que representará las clases de edad. Enseguida se usa la instrucción *lines* que agrega una nueva función como una línea a la gráfica presente y tiene por argumento a las clases de edad (*x*) y a la longitud estimada (*L*), el color de la línea es rojo (col=2) y el ancho de la línea es dos (lwd=2). También se agregó una línea de código para hacer la leyenda de las etiquetas de los puntos observados y los predichos. Hay que recordar que los datos observados se grafican como puntos y el modelo como una línea continua. Al correr el código se obtiene la gráfica que se muestra a continuación (Figura 18). Como se podrá observar la longitud estimada se encuentra cerca de los datos observados y eso indica que los valores propuestos de los parámetros son buenos valores iniciales y se puede llevar a cabo la estimación de los parámetros.

```
merluza <- read.csv("merluza.csv", header=T)
par(mfrow=c(1,1), mar=c(4,4,0,0), omi=c(0.1,0.1,0.1,0.1))
plot(merluza$Edad, merluza$Longitud, xlab = "Edad", ylab = "Longitud",
    bty="n", ylim = c(0,80), xlim = c(0,15),pch=19,col=4,cex.lab=1.2,cex=1.3)
Linf <- 65
K <- .5
I <- 1.5
L <- rep(1,13)
for (i in 1:13){
  L[i]<-Linf/(1+exp(-K*(i-I)))
}
x<-1:13
lines(x, L, col=2,lwd=2)
legend(6,15,legend = c("Lest", "Lobs"), col=c("red", "blue"), pch=c(NA,19), lty=c(1,NA),
bty="n", cex=.7)
```

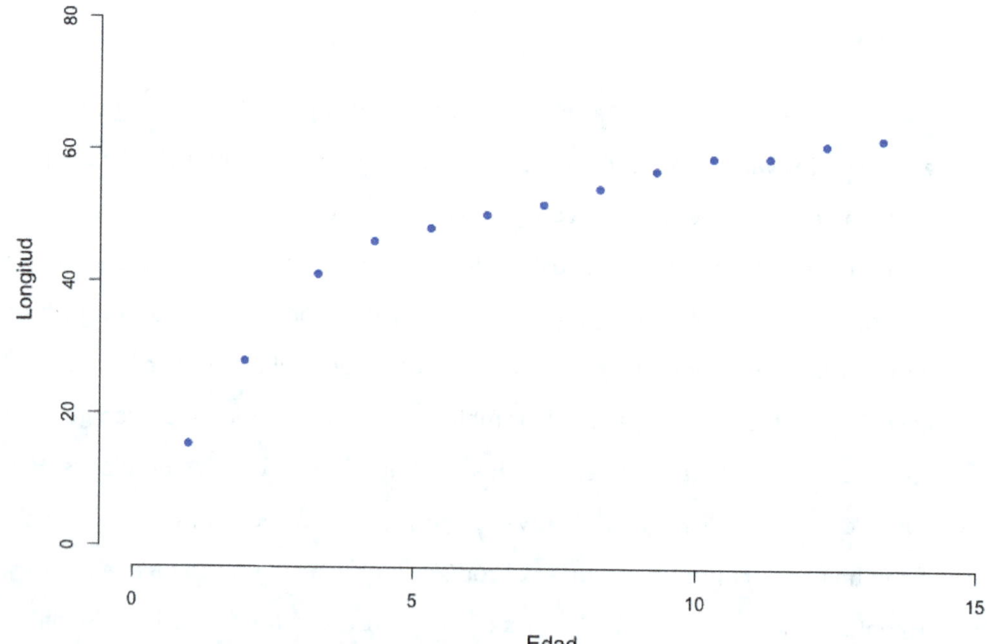

Figura 17. Datos de la longitud por edad de la merluza

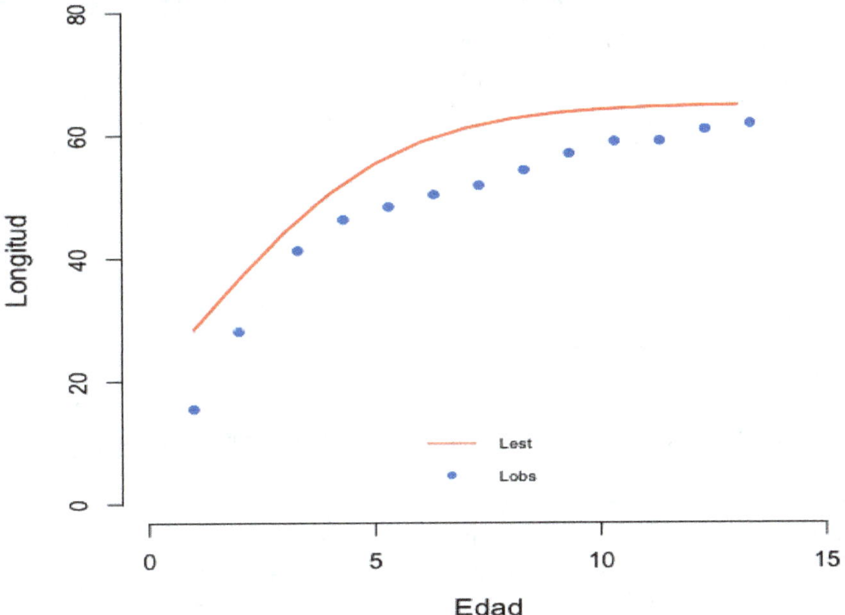

Figura 18. Grafica de los datos observados de longitud por edad y la longitud simulada de la merluza.

Ahora se puede estimar los parámetros con la ayuda de la subrutina *nls* (nonlinear least squares). Esta subrutina determina las estimaciones de los parámetros por el método de los mínimos cuadrados de un modelo no lineal. La estimación se lleva a cabo con una sola línea de código:

```
resultados <- nls(merluza$Longitud~Linf/(1+exp(-K*(merluza$Edad-I))),
merluza, start=c(Linf=65, K=.5, I=1.5))
```

Ahora veamos el significado de las distintas opciones de esta subrutina, en la instrucción anterior *resultados* es el objeto que contendrá toda la información sobre la estimación de los parámetros; *nls* es la subrutina que estima los parámetros; *Linf, K* e *I* son los parámetros, merluza es el objeto donde están almacenados los datos; la opción *start* permite proveer los valores iniciales de los parámetros. En el objeto *resultados* se almacenan los resultados de la estimación no lineal. Cabe mencionar que el algoritmo que se usa por default es el Gauss-Newton. Mas opciones de la función *nls* se pueden encontrar con *?nls* en R o al hacer una búsqueda en Internet.

Después de correr el código para la estimación de los parámetros del modelo logístico, para acceder a los resultados usaremos la siguiente línea de código:

summary(resultados)

los resultados obtenidos son:

> summary(resultados)

Formula: merluza$Longitud ~ Linf/(1 + exp(-K * (merluza$Edad - I)))

```
Parameters:
    Estimate        Std. Error      t value     Pr(>|t|)
Linf 58.93002       1.36989         43.018      1.11e-12 ***
K    0.54558        0.07529         7.246       2.77e-05 ***
I    2.30377        0.21613         10.659      8.83e-07 ***
---
Signif. codes:  0 '***' 0.001 '**' 0.01 '*' 0.05 '.' 0.1 ' ' 1

Residual standard error: 2.812 on 10 degrees of freedom

Number of iterations to convergence: 9
Achieved convergence tolerance: 4.652e-06
```

Como se aprecia, la estimación de la longitud asintótica $L_\yen$ es 58.93 $\pm$ 1.37, el de la tasa de crecimiento K es 0.54 $\pm$ 0.07, finalmente la edad correspondiente al punto de inflexión I es 2.30 $\pm$ 0.22. Como se mencionó antes, en Excel no hay una forma directa de calcular la incertidumbre de los parámetros; se pueden usar otros métodos como el propuesto por Hu et al. (2015). La gran ventaja de R es que nos proporciona las incertidumbres directamente. También se proporcionan los p-values y los niveles de significancia para las hipótesis nulas:

H_0: b=0

Donde *b* es cualquier parámetro del modelo usado. El error estándar residual es 2.81. También se proporciona el número de iteraciones que se llevaron a cabo para lograr la convergencia de la solución (9). Ahora solo falta construir una gráfica donde se muestre el ajuste de nuestro modelo a los datos de longitud por edad observados. Se llevará a cabo con el siguiente código:

```
par(mfrow=c(1,1), mar=c(4,4,0,0), omi=c(0.1,0.1,0.1,0.1))
plot(merluza$Edad, merluza$Longitud, xlab = "Edad", ylab = "Longitud",
    bty="l", ylim = c(0,80),xlim = c(0,15),pch=19,col=4,cex.lab=1.2,ccx=1.3)
lines(fitted(resultados)~merluza$Edad, col=2, lwd=2)
legend(6,15,legend = c("Lest", "Lobs"), col=c("red", "blue"), pch=c(NA,19), lty=c(1,NA),
bty="n", cex=.7)
```

donde *fitted* provee los valores ajustados y el carácter ~ denota que los valores ajustados son función de la edad o que dependen de la edad. La grafica final se presenta a continuación (Figura 19). Finalmente, para obtener las bandas que representan el intervalo de confianza al 95% se tienen que agregar dos líneas de código. Con la primera se calculan los limites superiores de los intervalos de confianza:

```
lines(fitted(resultados)+qt(.975, length(merluza$edad)-3)*2.812~merluza$Edad, lty=2,
lwd=2)
```

y con la segunda línea de código se estiman los límites inferiores de los intervalos de confianza:

```
lines(fitted(resultados)- qt(.975, length(x)-1)*2.812~merluza$Edad, lty=2, lwd=2)
```

donde el valor 2.812 corresponde al error estándar residual. La opción qt(.975, length(x)-3) corresponde al valor de la distribución *t* para dos colas (0.975) y 13-3 grados de libertad, donde se perdieron tres grados de libertad debido a que se estiman tres parámetros (L_∞, K e I). Las dos líneas de código anterior corresponden a la siguiente formula:

$$IC_{95\%} = \left(\hat{L} - t_{n-1,.05(2)} * \sigma, \hat{L} + t_{n-1,.05(2)} * \sigma\right) \tag{15},$$

donde $\hat{L}$ es la longitud por edad estimada y s es el error estándar residual. La grafica que presenta los intervalos de confianza al 95% se presentan a continuación (Figura 20).

Se invita al lector a adaptar el código para los modelos de von Bertalanffy y el modelo de Gompertz. En el Anexo 2 se encuentra el código completo para este laboratorio.

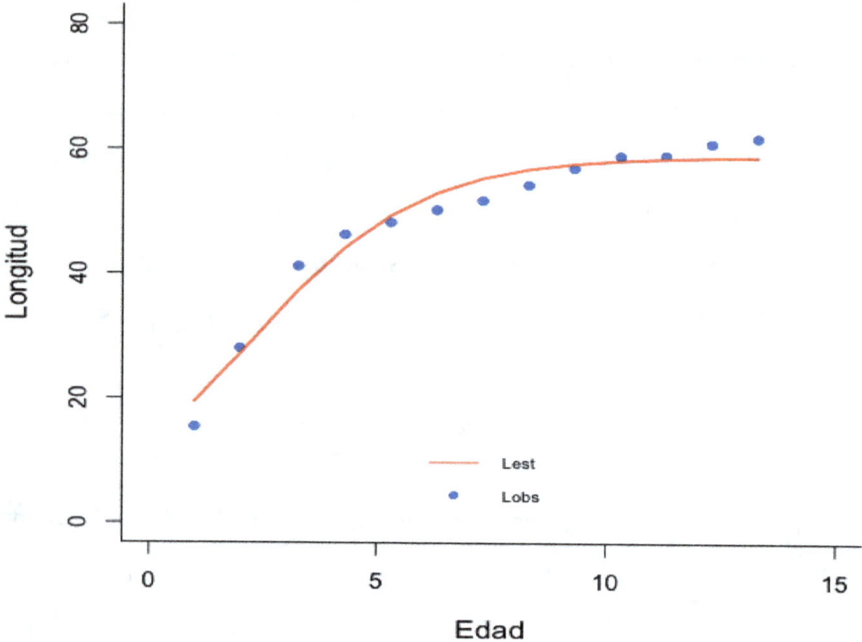

Figura 19. Ajuste del modelo logístico de crecimiento a los datos observados de longitud por edad de la merluza.

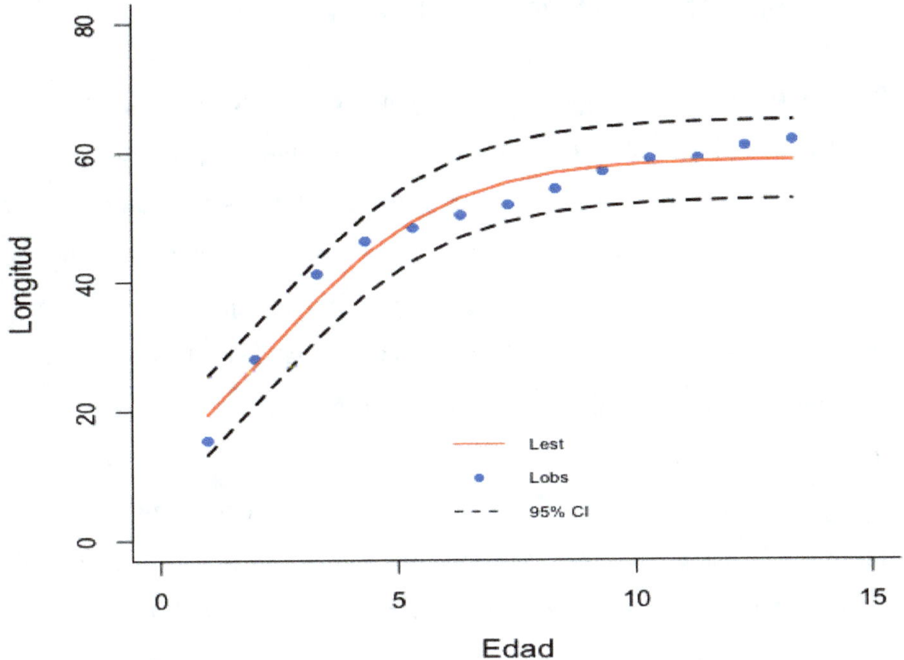

Figura 20. Ajuste del modelo logístico de crecimiento a los datos observados de longitud por edad con intervalos de confianza al 95%.

Capitulo IV probabilidad y verosimilitud

La incertidumbre existe porque la variación ocurre en la naturaleza y no siempre es predecible (Gotelli y Ellison, 2004). La mayoría de los fenómenos que se observan son de naturaleza aleatoria; la longitud de una varilla de metal no es constante, varía con la temperatura y otros factores; la estatura de los alumnos de un salón presenta una gran variabilidad; la posición de un electrón en un átomo también varía de forma importante. También existe variabilidad estacional, interanual y decadal en el clima y las poblaciones de organismos. Es decir, debido a la naturaleza de nuestro universo, existe una gran cantidad de variables aleatorias.

En particular, la variación en los sistemas biológicos es especialmente importante; es imposible entender los conceptos básicos en ecología, evolución, y las ciencias ambientales sin la apreciación de la variación natural (Gotelli y Ellison, 2004).

Existen varias clasificaciones de la incertidumbre que se han aplicado a las ciencias pesqueras, pero se pueden generalizar a varios campos de la ciencia. De acuerdo con Francis y Shotton (1997) los tipos de incertidumbre se clasifican en:

1. Incertidumbre de proceso o error de proceso. La incertidumbre de proceso inherente en las fluctuaciones aleatorias es irreducible e implica una carencia de predictibilidad total. No se conoce el estado de un sistema el próximo año o la próxima semana, o cual será el precio de un producto el próximo mes. El error de proceso es claramente inconveniente para la planeación. Desde la perspectiva del manejo pesquero y la planeación, es importante notar que las fluctuaciones aleatorias en un componente del sistema pesquero (como el stock pesquero) indirectamente crea fluctuaciones en otros componentes (como inversión en la flota pesquera).

2. Incertidumbre de observación o error de observación. Este tipo de incertidumbre refleja la realidad de que nada puede ser medido perfectamente.

3. Incertidumbre de modelo o error de modelación. La incertidumbre de parámetros es una parte de la incertidumbre del modelo y refleja el hecho de que los valores de los parámetros son cantidades inciertas. Este término es también usado en referencia a una carencia fundamental de conocimiento de la estructura del sistema. En realidad, la incertidumbre fundamental involucrada aquí va más allá del problema de escoger un modelo matemático para incluir retos surgiendo de la ignorancia básica del sistema.

4. Incertidumbre de implementación o error de implementación. Desde la perspectiva de las autoridades pesqueras, la incertidumbre estructural puede surgir como incertidumbre relacionada con la medida en que las regulaciones de manejo pueden ser implementadas exitosamente, en otras palabras: "el grado de control que se tiene sobre la captura que acompaña a una decisión de manejo particular" (Rosenberg y Brault, 1993).

5. Incertidumbre institucional. Puede surgir en términos de las interacciones entre aquellos en el sistema de manejo (O´Boyle, 1993), y en particular a las incertidumbres relacionadas a: i) Como los armadores/pescadores y otros se adaptan a las nuevas instituciones encargadas del manejo pesquero, y b) los objetivos de la sociedad y el manejo pesquero que persigue la pesquería.

Mas detalles sobre la clasificación de errores se pueden encontrar en Charles (2001). Punt y Hilborn (2001) proponen una clasificación similar, solo agregan el concepto de incertidumbre de estructura de error que surge de la incapacidad para identificar correctamente las fuentes de error cuando se ajusta un modelo a datos observados.

¿Como enfrentar la variabilidad que se observa en la naturaleza? ¿Cómo analizarla? Existen tres marcos para el análisis estadístico: Bootstrap, análisis paramétrico y análisis Bayesiano. El análisis de Bootstrap hace supuestos mínimos sobre la distribución de los datos. Usa aleatorización de los datos observados como base para la inferencia. El análisis paramétrico asume que los datos fueron muestreados de una distribución conocida y estima los parámetros de la distribución a partir de los datos. El análisis paramétrico estima probabilidades de frecuencias observadas de eventos y usa estas probabilidades como base de la inferencia. El análisis Bayesiano también asume que los datos fueron muestreados de una distribución conocida. Estima los parámetros no solo a partir de los datos, sino también de conocimiento *a priori* y asigna probabilidades a estos parámetros. Estas probabilidades son la base de la inferencia Bayesiana (Gotelli y Ellison, 2004).

La metodología que se usa en este texto está enmarcada en el análisis o estadística paramétrico y en el análisis Bayesiano. Un concepto importante para ambas metodologías es el concepto de verosimilitud. Una pregunta clave es: ¿Cuál es la diferencia entre probabilidad y verosimilitud? Esta pregunta es más fácil de responder con un ejemplo. Si pensamos en lanzamientos de una moneda, se puede hacer preguntas como la siguiente: ¿Cuál es la probabilidad de que al tirar tres veces la moneda obtenga tres águilas? Es importante definir algunos conceptos; el proceso de lanzar una moneda es un proceso estocástico. El evento o resultado observado E sería que la moneda salga aguila tres veces. También se puede hacer supuestos sobre el proceso estocástico subyacente; por ejemplo, la probabilidad p de que caiga águila es ½ y que los lanzamientos de las monedas son independientes. Si se denota los resultados observados como E y los parámetros que rigen el proceso estocástico como q. Entonces, dado que se conoce el valor del parámetro q, se quiere calcular la probabilidad que un resultado particular E suceda, es decir $P(E|q)$. Este es el tipo de problemas que se enfrenta frecuentemente en los cursos de probabilidad y estadística; sin embargo, en el mundo real nos enfrentamos a otro tipo de problemas. Por ejemplo, en la realidad observamos en la naturaleza un resultado que en el ejemplo seria tres caras; el problema es que no se conoce el valor de los parámetros y por consiguiente se necesita estimar el valor de los parámetros dado que conocemos el resultado (tres caras). Al conocer los valores de los parámetros, con el modelo se puede hacer predicciones que serían útiles en la toma de decisiones. ¿Cómo estimar el parámetro? Se buscaría el valor del parámetro q que maximizaría la probabilidad de observar el resultado E, es decir:

$$L(\theta|E) = P(q|E) \tag{16},$$

L es conocida como la verosimilitud y se denota como L debido a su traducción en inglés (Likelihood). ¿Y qué fórmula matemática vamos a usar para calcular la verosimilitud? ¡La misma que se usa para calcular la probabilidad! Sin embargo, se tiene que recordar que, aunque matemáticamente la probabilidad y la verosimilitud son equivalentes, conceptualmente son diferentes; cuando se calcula la verosimilitud se conocen los resultados, es decir los datos observados que colectamos en el campo y estimamos los parámetros del modelo. Por otra parte, en la probabilidad se conocen los parámetros y se calcula la probabilidad de que suceda un evento.

Otro ejemplo sería pensar en la estatura de los mexicanos. Una búsqueda en internet sugiere que la estatura promedio de los hombres mexicanos es 1.64 m. Desafortunadamente, a pesar de su importancia, casi no se reporta una medida de la variabilidad, es decir la incertidumbre, así que se asumirá que la desviación estándar es 10 cm. Con esto podemos hacer una gráfica de la distribución de la estatura de los mexicanos (una mejor grafica requeriría de la estimación de la varianza o de la desviación estándar). La grafica de la distribución normal con una media de 1.64 ± 0.1 se muestra a continuación (Figura 21).

Si se quisiera calcular la probabilidad de que un mexicano al azar tuviera una estatura entre 1.6 y 1.65, ésta estaría representada por el área bajo la curva (Figura 22) y se representaría matemáticamente de la siguiente forma:

$$Pr(estatura\ entre\ 1.6\ y\ 1.65\ |\ media = 1.64\ y\ desv.\ estándar = 0.1) = 0.195$$

y se leería de la siguiente forma: la probabilidad de que la estatura de un mexicano este entre 1.6 m y 1.65 m, dado que la media es 1.64 m y la desviación estándar es 0.1 m es 0.195.

Es importante notar que en la sección derecha se definen los parámetros de la distribución y permanece fija, solo cambia la sección izquierda donde los valores de las estaturas pueden cambiar. Por otra parte, cuando se trabaja con la verosimilitud, se asume que ya se seleccionó un valor para la estatura de un mexicano en particular, digamos 1.75, ese es un valor dado que ya no cambia. En un grafica es más fácil de interpretar. Al punto 1.75 le corresponde una verosimilitud de 0.216 (Figura 23). Se usará la notación que generalmente se usa en inglés para la verosimilitud (L), matemáticamente se escribe de la siguiente forma:

$$L(media = 1.64 \ y \ desv. \ estándar = 0.1 \mid estatura = 1.75) = 0.216$$

y lo interpretamos de la siguiente forma: la verosimilitud de la distribución con media de 1.64 ± 0.1 dado que la estatura del individuo es 1.75 es 0.216.

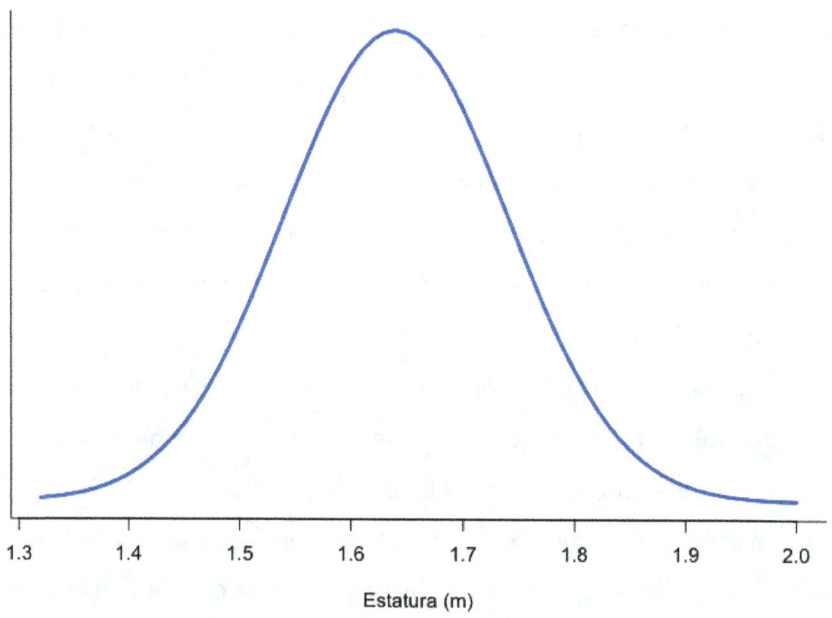

Figura 21. Distribución de probabilidad para la estatura de los mexicanos con una media de 1.64 ± 0.1.

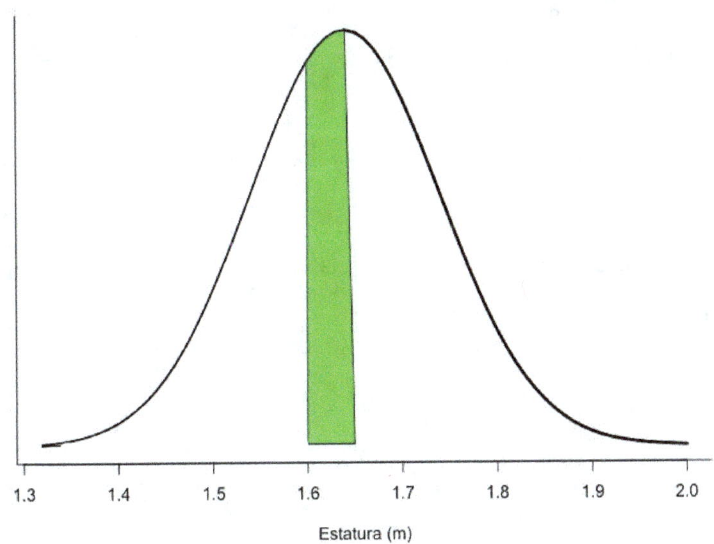

Figura 22. Probabilidad de que un hombre mexicano al azar tenga una estatura entre 1.6 y 1.65 m.

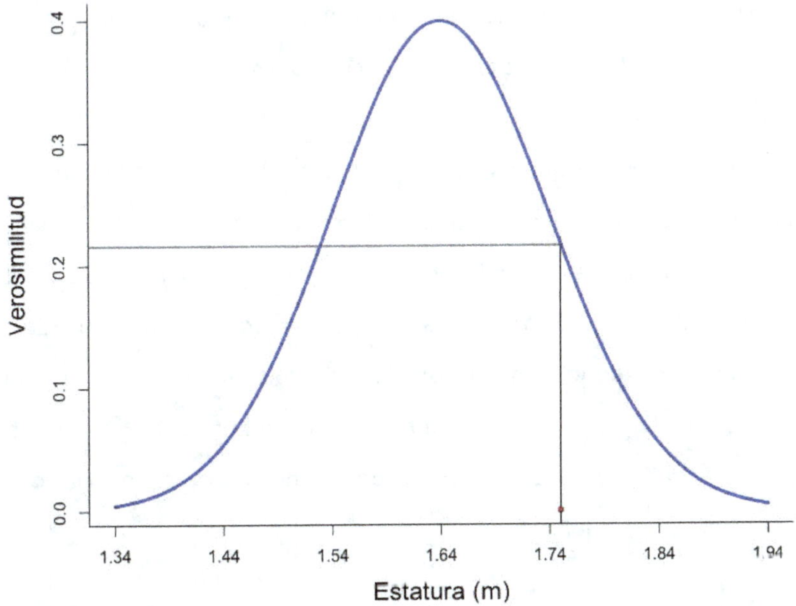

Figura 23. Cálculo de verosimilitud para un individuo de estatura de 1.75 m.

Una forma de resumir los conceptos revisados es la siguiente: la probabilidad es el área bajo la curva de una distribución fija (valores de los parámetros constantes) y las verosimilitudes son los valores en el eje Y para valores fijos de los datos (estatura de 1.75) con distribuciones cambiantes (parámetros de la distribución variables)

Muchos de los datos que se observan en la naturaleza se distribuyen normalmente, ejemplos de datos con distribución normal son la longitud de los individuos y el peso de los individuos. La distribución normal o distribución de Gauss tiene la siguiente función de densidad:

$$\phi(x) = \frac{1}{\sqrt{2\pi}} e^{-\frac{(x-\mu)^2}{2\sigma^2}}$$

(17),

donde f es la función de densidad, m y s^2 son los parámetros de la distribución y representan la media y la varianza de la población respectivamente. Esta función será usada como base para la verosimilitud en los datos de longitud patrón que se usan para estimar los parámetros de crecimiento en las ecuaciones (7, 10 y 11) en el laboratorio 3 usando Excel.

Es importante señalar que es necesario conocer la naturaleza de los datos que se miden en el laboratorio o en campo. Algunos datos no se distribuyen normalmente; por ejemplo, la estructura de las edades de una población humana o de cualquier otra especie. En general, la población estará compuesta por una mayoría de individuos jóvenes y la abundancia de los individuos más viejos disminuye debido a la mortalidad. Este tipo de datos no sigue la distribución normal, sigue la distribución log-normal. Una variable positiva aleatoria X tiene distribución log-normal si el logaritmo de X tiene distribución normal y se denota como:

$$ln(X) = N(\mu, \sigma^2)$$

(18),

y la función de densidad está dada por:

$$\varphi(x) = \frac{1}{x\sigma\sqrt{2\pi}} e^{\left[\frac{-(ln(x)-ln(\mu))^2}{2\sigma^2}\right]} \qquad (19),$$

Para más información sobre diferentes distribuciones consultar a Kelly (1994). Ahora apliquemos estos conceptos para la estimación de parámetros en el laboratorio 3 (Excel) y el laboratorio 4 (R).

Laboratorio 3

En el laboratorio se usará el método de máxima verosimilitud como criterio de ajuste para la estimación de los parámetros del modelo logístico (Ecuación 10). Como ya se mencionó, este modelo contiene tres parámetros: L_∞, K e I, donde el primero representa la longitud asintótica, el segundo la tasa de crecimiento y el ultimo la edad que corresponde al punto de inflexión de la curva de crecimiento. En cuanto a los datos, se usarán los mismos datos de longitud por edad de la merluza. El software que se ocupará será Excel. La verosimilitud para n datos de longitud por edad está dada por:

$$L = \prod_{i=1}^{n} \frac{1}{\sqrt{2\pi\sigma^2}} e^{-\frac{\left(L_i^{Obs}-L_i^{Est}\right)^2}{2\sigma^2}} \tag{20}$$

donde L_i^{Obs} representa los datos observados de la longitud por edad, L_i^{Est} representa la longitud por edad estimada por el modelo (Ecuación 10) y σ^2 es la varianza de los datos. Π representa el producto de los n términos correspondientes a los datos. Sin embargo, no es fácil encontrar el máximo de (20) por lo que tradicionalmente se usa como criterio de ajuste el logaritmo negativo de la verosimilitud LL:

$$LL = \frac{n}{2} ln(2\pi) + nln(\sigma^2) + \frac{1}{2}\sum_{i=1}^{n} \left[\frac{\left(L_i^{Obs}-L_i^{Est}\right)^2}{\sigma^2}\right] \tag{21}$$

Esta

El siguiente paso es implementar la estimación de los parámetros del modelo en Excel.

1. Teclea los datos de la Tabla 1 en un archivo de Excel en las celdas A7:B19. En las celdas A6:B6 teclea las etiquetas de los datos correspondientes. En las celdas A1:A5 teclea las etiquetas de los parámetros (Linf, K, I, Var, LL). En las celdas B1:B4 hay que teclear los siguientes valores: 80, 1, 2. 0, y 0.1 que corresponden a los valores iniciales de los parámetros del modelo logístico. Por lo pronto se dejará vacía la celda B5 que contendrá el valor del logaritmo negativo de la

verosimilitud. Ahora se utilizará un aspecto avanzado de Excel. Se va a nombrar las celdas B1:B5. Para nombrar la celda B1, hay que situarse en dicha celda, arriba y a la izquierda del encabezado de la columna A existe una ventana que actualmente tiene el contenido B1 da un click en dicha ventana y teclea "Linf" y da *Enter*, el resultado se muestra a continuación (Figura 24). Repetir el mismo proceso para nombrar la celda B2 como "K", la B3 como "I", la B4 como "Var" y la B5 como "LL". Con esto, en lugar de usar las celdas como referencia en la implementación del modelo se puede usar los nombres directamente.

2. Ahora se implementará el modelo de Ricker (Ecuación 10) en la celda C7 con la siguiente instrucción:

$$=Linf/(1+EXP(-K*(A7-I)))$$

donde

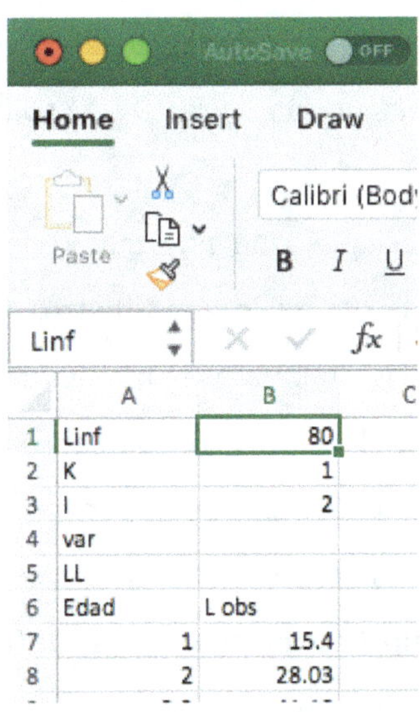

Figura 24. Procedimiento para nombrar el contenido de la celda B1 como "Linf"

3. Ahora construye la gráfica de Lobs vs Edad y Lpred vs Edad como se realizó en el punto 4 del laboratorio 1. Hay que recordar que los datos observados se grafican como puntos sin línea y que los datos estimados por el modelo se grafican con una línea.

4. Ahora construyamos los residuos, en la celda D6 teclea la etiqueta "Res". Ahora en la celda D7 teclea la siguiente instrucción: *=(B7-C7)^2/Var*. A continuación, copia la instrucción al resto de las celdas D8:D19. Ahora vamos a implementar la instrucción para el logaritmo negativo de la verosimilitud (Ecuación 21) en la celda B5:

=(COUNT(B7:B19)/2)*LN(2*PI())+COUNT(B7:B19)*LN(Var)+.5*SUM(D7:D19)

Ahora

5. Lo único que falta ahora es correr Solver para encontrar las estimaciones de máxima verosimilitud de los parámetros del modelo logístico de la curva de crecimiento. Sitúate en la celda B5; ve al menú de *Data* del Ribbon y da click a *Solver*. En la ventana emergente, asegúrate de que en la opción *Set objective* se encuentre $B$5. Luego selecciona la opción *Min* y en la opción *By Changing Variable Cells* teclea B1:B4 y oprime la tecla *Solve*. A continuación, después de unos instantes otra ventana emergerá, si la ventana anuncia *Solver has converged to the current solution….*, dar *Ok*. La solución se verá como se muestra enseguida (

6. Figura 27). Algunas ocasiones que hay que repetir este procedimiento varias veces hasta que los valores de los parámetros y el logaritmo negativo de la verosimilitud (*LL*) no cambien para asegurarse de que se convergió a la solución. También hay que repetir el mismo procedimiento con valores iniciales distintos a los que se usaron y asegurarse de que se converge a la misma solución. Una vez terminado el proceso, las celdas B1:B4 contienen las estimaciones de máxima verosimilitud del modelo de crecimiento. La grafica (Figura 27) nos muestra el mejor ajuste del modelo a los datos observados de longitud por edad.

Sin

7. Ahora intenta ajustar los modelos de von Bertalanffy y de Gompertz usando esta metodología. Los resultados los puedes encontrar en el Anexo (3).

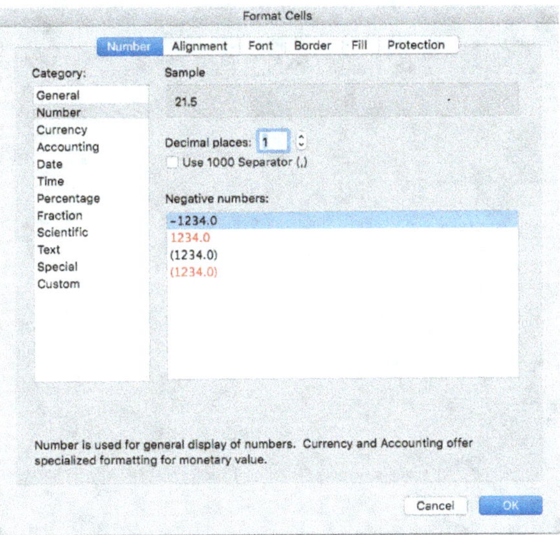

Figura 25. Procedimiento para formatear el número de decimales de las celdas seleccionadas.

| | Home | Insert | Draw | Page Layou |

C7 f_x =Linf/(1+EXP

	A	B	C	D
1	Linf	80		
2	K	1		
3	I	2		
4	var			
5	LL			
6	Edad	L obs	Lpred	
7	1	15.4	21.5	
8	2	28.03	40.0	
9	3.3	41.18	62.9	
10	4.3	46.2	72.7	
11	5.3	48.23	77.2	
12	6.3	50.26	78.9	
13	7.3	51.82	79.6	
14	8.3	54.27	79.9	
15	9.3	56.98	79.9	
16	10.3	58.93	80.0	
17	11.3	59	80.0	
18	12.3	60.91	80.0	
19	13.3	61.83	80.0	

Figura

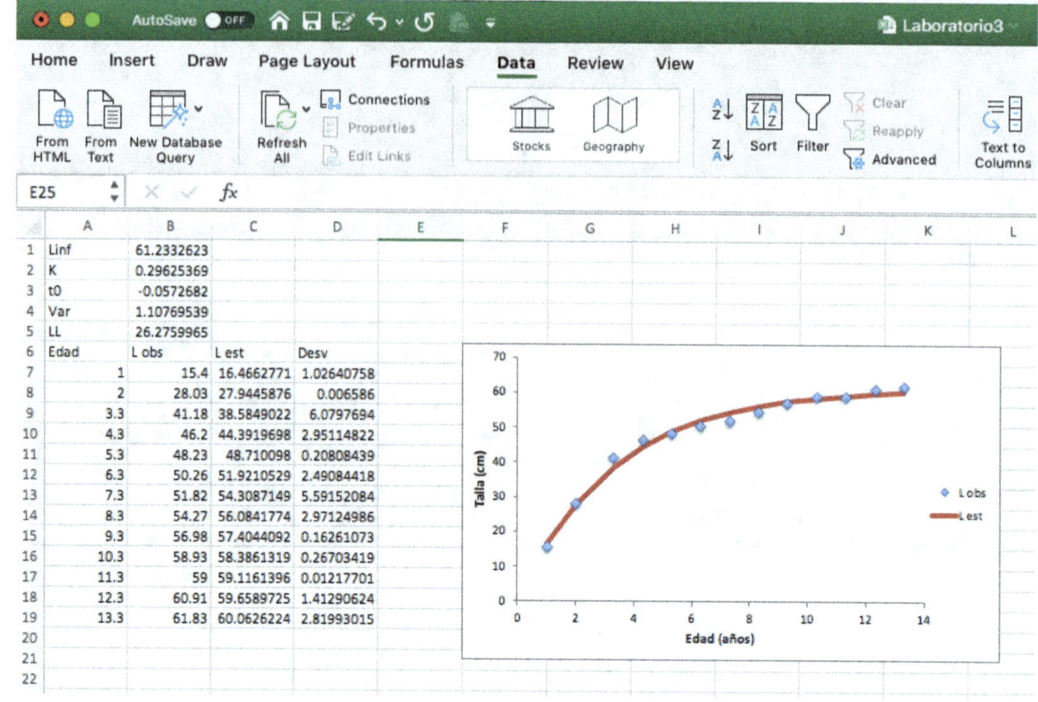

Figura 27. Resultados de la estimación de los parámetros del modelo logístico con Solver.

Laboratorio 4

En

1. La grafica de los datos se hace con el siguiente código (no olvidar definir el directorio de trabajo antes de leer el archivo de datos):

```r
# lee los datos del archivo merluza y los deposita en el objcto merluza
merluza <- read.csv("merluza.csv", header=T)

#muestra los primeros seis renglones del data.frame
head(merluza)

#muestra las dimensiones del data.frame
dim(merluza)

# da un resumen de los datos contenidos en el data.frame
summary(merluza)

#Establece el estado global de los comandos gráficos
par(mfrow=c(1,1), mar=c(4,4,0,0), omi=c(0.1,0.1,0.1,0.1))

#grafica la longitud vs la edad
plot(merluza$Edad, merluza$Longitud, xlab = "Edad", ylab = "Longitud",
bty="l", ylim = c(0,80), xlim = c(0,15), pch=19, col=4, cex.lab=1.2, cex=1.3)
```

2. Ahora se definirán los valores de los parámetros y se hará la simulación con las siguientes líneas de código:

```r
#define los valores iniciales de los parámetros
Linf <- 65
K <- 0.5
I <- 1.5
# Inicia el vector de longitud de la simulación
L <- rep("Na",13)

#se realiza la simulación de la longitud en función de la edad
for (i in 1:13){
L[i] <- Linf/(1+exp(-K*(i-I)))
}
```

```r
# se define el vector edad
x <- 1:13

#Establece el estado global de los comandos gráficos
par(mfrow=c(1,1), mar=c(4,4,0,0), omi=c(0.1,0.1,0.1,0.1))

# grafica los datos crudos como puntos
plot(merluza$Edad, merluza$Longitud, xlab = "Edad", ylab = "Longitud",
bty="l", ylim = c(0,80),xlim = c(0,15),pch=19,col=4,cex.lab=1.2,cex=1.3)

# grafica la simulación como una línea
lines(x, L, col=2, lwd=2)
```

Como

3. En el laboratorio 2 se usó la función *nls* que estima los parámetros de una función no lineal con mínimos cuadrados. La estimación de los parámetros con máxima verosimilitud requerirá un poco más de programación. Para facilitar la codificación se definen dos nuevas variables:

```r
edad <- merluza$Edad
lon <- merluza$Longitud
```

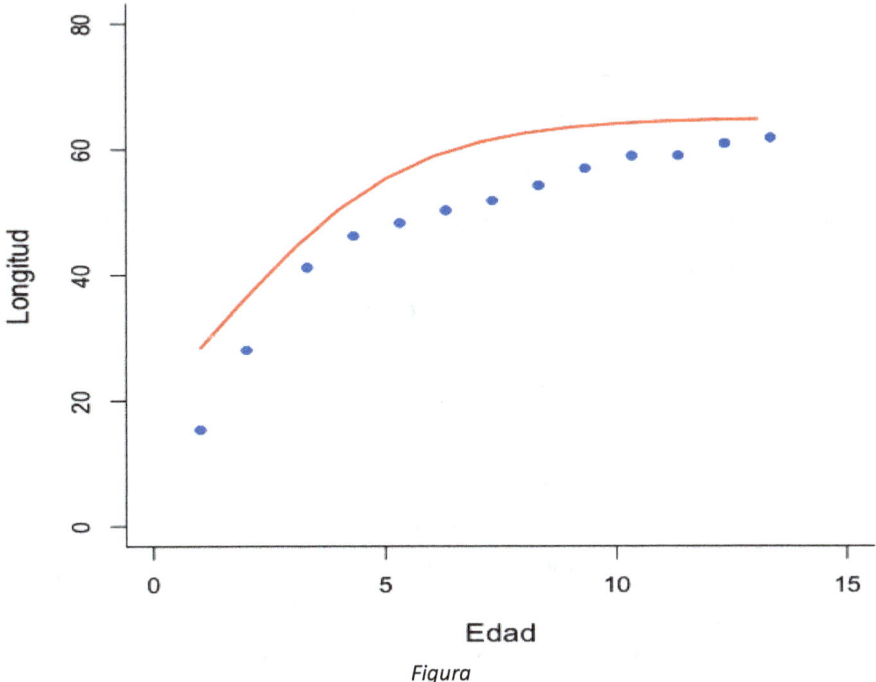

Figura

4. Ahora se definirán los valores iniciales de los parámetros con ayuda de un vector de parámetros "theta" que tendrá cuatro elementos:

inicia el vector de parámetros theta

theta<-rep("Na",4)

se definen los valores iniciales de los parámetros

theta[1] <- 65

theta[2] <- 0.5

theta[3] <- 1.5

theta[4] <- .03

5. Ahora se definirá una función *"SSQ"* que dependerá del vector de parámetros *theta* y de la edad, dicha función está definida para calcular la función objetivo

$$(LL = n \qquad \square 2 \square \ln(2\pi) + n\ln(\sigma^2) + \frac{1}{2}\sum_{i=1}^{n}\left[\frac{\left(L_i^{Obs} - L_i^{Est}\right)^2}{\sigma^2}\right]$$

(), que es el logaritmo negativo de la verosimilitud. A continuación, se muestra el código de la función:

```
SSQ <- function(theta, x) { #inicio de la función
        Linf <- theta[1]
        K <- theta[2]
        t0 <- theta[3]
        sigma <- theta[4]
    #inicia el vector de desviaciones
    dev<-rep(0,length(edad))
    #inicia el vector de valores predichos o estimados
    lpred<-rep(0,length(edad))
    #Calcula los valores estimados y
    # desviaciones entre valores observados y estimados
        for (i in 1:length(edad)) {
    lpred[i]<-Linf/(1+exp(-K*(edad[i]-t0)))
            dev[i]<- (lon[i]-lpred[i])^2.
        } # End for
    # calcula el logaritmo negativo de la verosimilitud
ssq<- sum(dev)/(2*sigma)+(length(edad)/2)*log(2*pi)+length(edad)*log(sigma)
return(ssq) #exporta el valor del logaritmo negativo de la verosimilitud
        } # fin de la función
```

El

Estimar

6. A continuación, se estimarán los parámetros del modelo logístico con el criterio de máxima verosimilitud; sin embargo, es importante mencionar que no se puede maximizar directamente la verosimilitud $L = i = 1 \square n \square \frac{1}{\sqrt{2\pi\sigma^2}} e^{-\frac{\left(L_i^{Obs} - L_i^{Est}\right)^2}{2\sigma^2}} \square$

() pues el proceso se vuelve inestable debido a la presencia de la función exponencial que puede tomar valores muy grandes y producir errores de cómputo. Por la razón anterior, se minimiza el logaritmo negativo de la verosimilitud. En las líneas de código anterior se construyó la función que se va a minimizar para estimar los parámetros y su incertidumbre. Para lograr la optimización se requiere el uso de la función *optim* que está incluida en el paquete básico de R. La función *optim* tiene varias opciones que se pueden revisar al usar *?optim* en R. La línea de código que llevará a cabo la optimización es:

```
result<-optim(theta, fn=SSQ, method="BFGS", x=edad, hessian=T,
control=list(maxit=2000,REPORT=T))
result
```

En dicha línea de código se define un objeto *result* que contiene todo lo referente al proceso de optimización; como ya se mencionó anteriormente, *theta* es el vector de parámetros, la función a minimizar es *SSQ*, el algoritmo que se usa para hacer la optimización es *BFGS*, *x* representa la edad, se pide que se calcule la matriz del Hessian y al último se definen algunos parámetros de control. En particular, se pide que el máximo número de iteraciones para calcular el mínimo sea 2000. De acuerdo con R Core Team (2018), existen varias opciones para el algoritmo a usar en la optimización: "Nelder-Mead", "BFGS", "CG", "L-BFGS-B", "SANN" y "Brent". El método predeterminado es una implementación del método de Nelder y Mead (1965), que usa solo valores de función y es robusto, pero relativamente lento. El método "BFGS" es un método casi Newton (también conocido como algoritmo de métrica variable) y utiliza valores de función y gradientes para crear una imagen de la superficie a optimizar. El método "L-BFGS-B" es el de Byrd et. al (1995) que permite restricciones en los valores de los parámetros, es decir, a cada variable se le puede dar un límite inferior y/o superior. El valor inicial del parámetro debe satisfacer dichas restricciones. Este método utiliza una modificación de memoria limitada del método BFGS cuasi-Newton. Mas información sobre los algoritmos de optimización se puede encontrar en la ayuda de *optim*. Después de ejecutar la instrucción para correr el algoritmo de optimización para obtener el resultado se teclea *result* y se obtiene la siguiente salida:

```
> result
$par
[1]   48.69447 -385.92103  109.35034   86.34089

$value
[1] 82.89414

$counts
function gradient
    20      19

$convergence
[1] 0

$message
NULL
```

$hessian

```
        [,1] [,2] [,3]      [,4]
[1,] 1.505660e-01   0   0 1.588063e-06
[2,] 0.000000e+00   0   0 0.000000e+00
[3,] 0.000000e+00   0   0 0.000000e+00
[4,] 1.588063e-06   0   0 1.741171e-03
```

Al observar con detalle podremos observar varios problemas en los resultados de la estimación. El valor estimado de la longitud asintótica fue de 48.7 que es un valor menor a la máxima longitud por edad observada. La tasa de crecimiento tiene un valor muy elevado y es negativo; en general esperaríamos que K fuera positivo y menor a uno. La edad para el punto de inflexión de la curva de crecimiento es muy alta. También observamos que la matriz Hessian tiene varios ceros lo cual provocaría singularidades al calcular la matriz inversa para estimar las desviaciones estándar. Desde el punto de vista biológico estos parámetros no tienen sentido. ¿Qué hacer? Aquí es donde comienzan las dificultades. Una posible solución sería mejorar los valores iniciales de los parámetros para acercar lo más posible la curva de longitud por edad estimada a los valores observados; sin embargo, probablemente el resultado sería el mismo. Otro camino sería cambiar el método de optimización a Nelder-Mead, como se observa en las siguientes líneas de código:

```
result<-optim(theta, fn=SSQ, method="Nelder-Mead", x=edad, hessian=T,
control=list(maxit=2000,REPORT=T))
result
```

La nueva salida es la siguiente:

```
> result
```

$par

[1] 58.9302270 0.5456078 2.3037756 3.0408881

$value

[1] 39.40207

$counts

function gradient

   205   NA

$convergence

[1] 0

$message

NULL

$hessian

          [,1]   [,2]   [,3]   [,4]
[1,] 3.1240383986 35.247236029 -8.518790855 -0.0005530918
[2,] 35.2472360285 705.475709475 -78.672237349 -0.0090114032
[3,] -8.5187908549 -78.672237349 79.965506462 0.0011122161
[4,] -0.0005530918 -0.009011403   0.001112216 1.4054141033

7. En la salida anterior ya no se observan problemas para los parámetros, los valores tienen sentido desde el punto de vista biológico y la matriz Hessian ya no tiene valores nulos. El siguiente paso es calcular los errores estándar de los parámetros. Los errores estándar de las estimaciones de máxima verosimilitud son las raíces cuadradas de los elementos de la diagonal de la matriz de información de Fisher observada (Pawitan, 2013), en el caso de que se maximice

el logaritmo negativo de la verosimilitud esta matriz es la inversa de la Hessian. Para obtener los errores estándar usemos el siguiente código:

```
result.v<-solve(result$hessian) # calcula la inversa de la matriz Hessian
result.v
result.se<-sqrt(diag(result.v)) # calcula la raíz de los elementos de la diagonal de la
                                # inversa de la matriz Hessian
result$par
result.se
```

Se obtiene la siguiente salida:

```
> result.v<-solve(result$hessian)
> result.v
        [,1]       [,2]       [,3]       [,4]
[1,]  9.369346e-01 -4.007779e-02  6.038279e-02 6.396337e-05
[2,] -4.007779e-02  3.306509e-03 -1.016486e-03 6.233142e-06
[3,]  6.038279e-02 -1.016486e-03  1.793797e-02 3.049892e-06
[4,]  6.396337e-05  6.233142e-06  3.049892e-06 7.115341e-01
> result.se<-sqrt(diag(result.v))
> result$par
[1] 58.9302270  0.5456078  2.3037756  3.0408881
> result.se
[1] 0.96795380 0.05750225 0.13393272 0.84352482
```

De los resultados podemos observar que no existen problemas aparentes. Se puede calcular la inversa de la matriz Hessian y a partir de ella se pueden calcular los errores estándar sin problema. Los valores de los parámetros tienen sentido. Para asegurarnos que los resultados son correctos también se usará el otro método de optimización *"L-BFGS-B"*, dicho método permite poner cotas a los valores de los parámetros y en algunos casos permite que se converja a la solución, este es el código:

```
result<-optim(theta, fn=SSQ, method="L-BFGS-B", lower=c(50,0.1,.5,.01),
upper=c(70,2,4,10),x=edad,hessian=T,control=list(maxit=2000,REPORT=T))
```

Como se puede apreciar, este método permite definir un intervalo donde se hará la estimación de un parámetro dado con las opciones *"lower"* y *"upper"*. Los valores mínimos y máximos de cada parámetro se ordenan de la misma forma en que fueron definidos; por ejemplo, el valor mínimo para K es 0.1 y el máximo es dos. Después de correr el código se obtiene la siguiente salida:

```
> result
$par
[1] 58.9299531  0.5455811  2.3037625  3.0404132

$value
[1] 39.40207

$counts
function gradient
    28      28

$convergence
[1] 0

$message
[1] "CONVERGENCE: REL_REDUCTION_OF_F <= FACTR*EPSMCH"

$hessian
        [,1]        [,2]        [,3]        [,4]
[1,]  3.124498e+00  3.525554e+01 -8.519977e+00  1.046274e-06
[2,]  3.525554e+01  7.057713e+02 -7.869748e+01  1.889511e-05
[3,] -8.519977e+00 -7.869748e+01  7.997385e+01 -1.094236e-06
[4,]  1.046274e-06  1.889511e-05 -1.094236e-06  1.406292e+00
```

La salida no muestra problemas aparentes, muestra las estimaciones de los parámetros, el valor del logaritmo negativo de la verosimilitud (*$value*) y la matriz hessian. Una búsqueda en Internet sugiere que el mensaje (*$message*) no implica problemas, las estimaciones de los parámetros son confiables. Cabe señalar que las estimaciones de los parámetros coinciden con las estimaciones obtenidas al usar el algoritmo "Nelder-Mead". Ahora se puede usar el código para calcular los errores estándar de los parámetros:

```
result.v<-solve(result$hessian)
result.v
result.se<-sqrt(diag(result.v))
result$par
result.se
```

La salida correspondiente es la siguiente:

```
> result.v<-solve(result$hessian)
> result.v
         [,1]       [,2]       [,3]       [,4]
[1,]  9.366618e-01 -4.005786e-02  6.036828e-02 -1.116768e-07
[2,] -4.005786e-02  3.304660e-03 -1.015627e-03 -1.538922e-08
[3,]  6.036828e-02 -1.015627e-03  1.793598e-02 -1.731162e-08
[4,] -1.116768e-07 -1.538922e-08 -1.731162e-08  7.110897e-01
> result.se<-sqrt(diag(result.v))
>
> result$par
[1] 58.9299531  0.5455811  2.3037625  3.0404132
> result.se
[1] 0.96781290 0.05748618 0.13392526 0.84326137
```

Como se observa, la salida no presenta ningún problema y produce las estimaciones de los errores estándar de los parámetros estimados. Ahora podemos reportar el valor de los parámetros correctamente: $L_¥ = 58.9 \pm 1.0$ cm, $K = 0.54 \pm 0.06$, $I = 2.3 \pm 0.1$ y $s = 3.04 \pm 0.84$. Cabe mencionar que existe coincidencia con los parámetros estimados con Excel (Anexo 3).

Los valores estimados de la longitud por edad se obtienen con el siguiente código:

```
Lest<-rep("Na",13)
x<-1:13
Lest<-result$par[1]/(1+exp(-result$par[2]*(x- result$par[3])))
```

Ahora se puede graficar (Figura 29) los datos observados de la longitud por edad de la merluza y las estimaciones del modelo ajustado con el siguiente código:

```
par(mfrow=c(1,1), mar=c(4,4,0,0), omi=c(0.1,0.1,0.1,0.1))

plot(merluza$Edad, merluza$Longitud, xlab = "Edad", ylab = "Longitud (cm)",
    bty="n", ylim = c(0,80),xlim = c(0,15),pch=19,col=4,cex.lab=1.2,cex=1.3)

lines(merluza$Edad, Lest, col=2, lwd=2)

legend(6,15,legend = c("Lest", "Lobs"), col=c("red", "blue"), pch=c(NA,19), lty=c(1,NA),
bty="n", cex=.7)
```

La última línea de código permite adicionar una leyenda para distinguir los valores observados de los valores estimados por el modelo. Es importante que para evitar imprimir puntos para la longitud estimada se usa "NA" en la opción *pch*, de igual forma se usa "NA" en la opción *lty*.

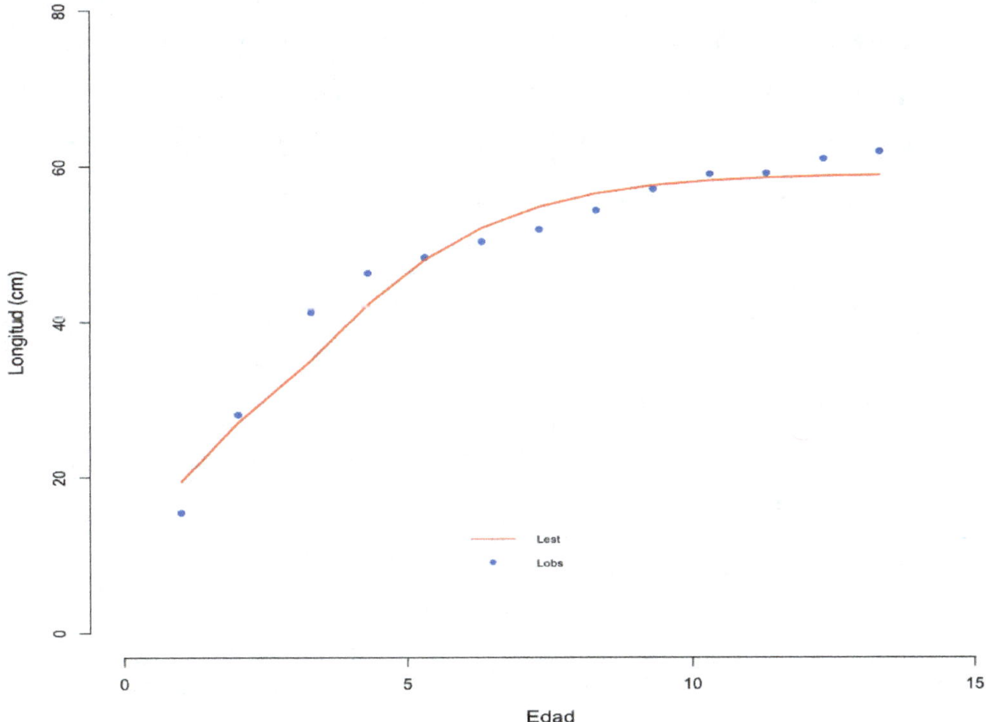

Figura 29. Ajuste del modelo logístico a los datos observados de longitud por edad de la merluza del Pacifico.

8. El siguiente paso es analizar el comportamiento de los residuales:

$$e_t = L_{obs,t} - L_{est,t} \tag{22}.$$

Uno se los supuestos importantes es que los residuales tienen una distribución normal. Esto se puede analizar al graficar los residuales contra la edad o los residuales contra los valores de longitud por edad observados. El código es el siguiente:

```
res <- merluza$Longitud-Lest
plot(Lest, res, pch=19,col=4,bty="n")
shapiro.test(res)
```

La grafica de los residuales se aprecia enseguida (Figura 30). En general los residuales se deben distribuir al azar. Esto no es fácil de observar sobre todo si se tienen pocos datos. Pero también se prueba la normalidad de los residuales con la prueba de normalidad de Shapiro-Wilk. La salida nos sugiere que los datos son normales (H_0: los datos son normales; p-value = 0.9895):

```
> shapiro.test(res)
```

        Shapiro-Wilk normality test

data: res

W = 0.98252, p-value = 0.9895

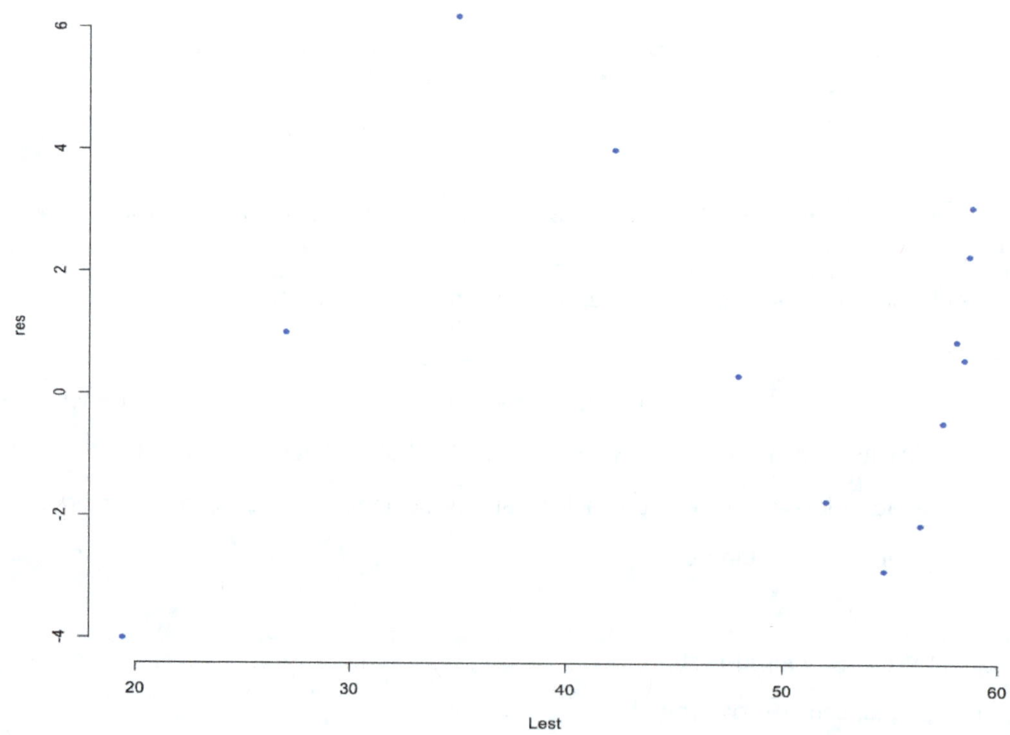

Figura 30. Grafica de los residuales contra la edad de la merluza.

Ahora surge una pregunta lógica: Se tienen tres modelos, von Bertalanffy, Logístico y el modelo de Gompertz ¿Cuál modelo se ajusta mejor a los datos observados? ¿Qué criterio o prueba estadística se puede usar para determinar el mejor modelo? Estas preguntas importantes serán contestadas en el siguiente capítulo y laboratorio. El código completo del laboratorio 4 se encuentra en el Anexo 4.

Capítulo V Selección de modelo

No existe ningún modelo que sea universalmente adecuado para los datos recabados y ciertos objetivos. Una elección incorrecta del modelo o método puede conducir a conclusiones engañosas, o predicciones decepcionantes. Por consiguiente, un paso importante en un análisis típico de datos es considerar un conjunto de modelos candidatos y enseguida seleccionar el más apropiado. En otras palabras, la selección de modelo es el proceso de seleccionar un modelo estadístico de un conjunto de candidatos, dado un conjunto datos (Ding et al., 2018). Para la selección de modelos es útil entender que los modelos pueden ser anidados o no; cuando un modelo es un caso especial de otro más general se dice que están anidados, por ejemplo, el modelo de crecimiento poblacional de Schaefer (1954):

$$B_{t+1} = B_t + rB_t \left(1 - \frac{B_t}{K}\right) - C_t \tag{23},$$

donde B_t es la biomasa, r es la tasa intrínseca de la población, K es la capacidad de carga del ecosistema, C_t es la captura anual, es un caso especial del modelo de Pella-Tomlinson (1969) cuando el parámetro p de asimetría tiene un valor de uno:

$$B_{t+1} = B_t + \frac{r}{p} B_t \left(1 - \left(\frac{B_t}{K}\right)^p\right) - C_t \tag{24},$$

En el caso anterior se dice que los modelos están anidados.

Uno de los conceptos básicos que se usa en la selección de modelos es el concepto de verosimilitud, el cual cuantifica que tan consistente es un modelo con los datos observados. Como regla general, el mejor modelo es el que tiene la mayor verosimilitud (Hilborn & Mangel, 1997). Dos de los criterios más usados para la selección de modelos son la prueba de cociente de verosimilitud para modelos anidados y el criterio de información de Akaike *AIC* (1973) para modelos no anidados. Cabe mencionar que mientras la prueba de cociente de verosimilitud está basada en un criterio de inferencia, el *AIC* está basado en un criterio de optimización (Akaike, 1985; deLeew, 1992).

La prueba de cociente de verosimilitud se aplica, solo a los modelos anidados. En general los modelos no tienen el mismo número de parámetros y un modelo con más parámetros tiene una ventaja intrínseca para ajustar mejor los datos observados (Hilborn and Mangel, 1994). Si se tiene un conjunto de datos *Y* junto con dos modelos *A* y *B*, donde el modelo A tiene menor número de parámetros y se ha calculado el máximo de la verosimilitud *L* para cada modelo entonces $L(Y|B) > L(Y|A)$ y la prueba de cociente de la verosimilitud R es:

$$R = -2ln\left[\frac{L((Y|A))}{L(Y|B)}\right] = 2\big[ln(L(Y|B)) - ln(L(Y|A))\big] \tag{25},$$

cabe mencionar que el cociente tiene una distribución c^2; por lo tanto, si se tienen *n* parámetros extras en el modelo B se tienen *n* grados de libertad, por lo que el valor critico se puede buscar en las tablas con *n* grados de libertad y a = 0.05: $\chi^2_{n,0.05}$. Si (25) es mayor que $\chi^2_{n,0.05}$ entonces el modelo B es significantemente mejor que el modelo A al nivel 0.05.

Como ya se mencionó la prueba de cociente de verosimilitud funciona bien para modelos anidados; sin embargo, para el caso de los modelos de crecimiento que se han trabajado, ninguno de ellos es anidado (Ecuaciones 7, 10 y 11) por lo que usaremos el criterio de información de Akaike (1973) para llevar a cabo la selección de modelo. Para un modelo dado el AIC está dado por:

$$AIC = \quad 2\ln(L) + 2p. \tag{26}$$

donde L es la verosimilitud y p es el número de parámetros del modelo. El criterio de selección de modelo establece que el mejor modelo es aquel con el AIC más bajo. Al agregar el factor dos al logaritmo negativo de la verosimilitud para cada parámetro libre, se está penalizando la bondad de ajuste de tal forma que es similar a la prueba de cociente de verosimilitud. El AIC es apropiado para modelos no anidados y anidados (Hilborn y Mangel, 1997).

Otro criterio importante para la selección de modelos es el Criterio de Información Bayesiano (Schwarz, 1978) que mide el intercambio entre el ajuste del modelo y la complejidad del modelo:

$$BIC = -2Ln(L) + 2ln(n)p \tag{27}$$

donde L es la verosimilitud, n el número de datos y p es el número de parámetros estimados del modelo. Una vez más, el modelo con el BCI más bajo es el modelo que mejor se ajusta a los datos observados. Estos criterios se han usado extensamente (Anderson et al., 1994; Haughton, 1988; Hiyama y Kitahara, 1993: Jurado-Molina et al., 2009; Jurado-Molina, 2010) y deben ser un aspecto básico en cada investigación para lidiar con el error o incertidumbre de modelo. Cabe mencionar que estos criterios (AIC y BIC) se usan en un marco de máxima verosimilitud; sin embargo, también existen métodos más avanzados que están fuera del alcance del presente libro, como el uso de DIC (deviance information criterion) y WAIC (Watanabe-Akaike information criterion) en un marco Bayesiano. Se invita al lector interesado a revisar Gelman et al. (2014), Spiegelhalter et al. (2002), Watanabe (2010) and Watanabe (2013).

A continuación, se aplicarán estos conceptos a los datos de talla de la merluza para analizar cuál de los tres modelos revisados se ajusta mejor a los datos de longitud observados.

Laboratorio 5

El presente laboratorio se enfoca al proceso de selección de modelo. Se usarán los tres modelos de crecimiento, von Bertalanffy (7), Logístico (10) y Gompertz (11), los datos de longitud por edad de la merluza (Tabla 1), Excel y R.

1. El primer paso es construir el modelo logístico en Excel siguiendo los pasos mostrados en el Laboratorio 3 hasta estimar los parámetros con Solver. Una vez que se haya encontrado la solución de máxima verosimilitud (

2. Figura 27), hay que situarse en la celda A6 e insertar dos renglones por arriba de la celda (del menú principal seleccionar *Insert -> Rows*). En la nueva celda A6 vacía, teclear la etiqueta "AIC" y en la A7 teclear "*BIC*". Ahora en la celda B6 hay que teclear la siguiente formula: =2*B5+2*COUNT(B1:B4) que corresponde al AIC. Paralelamente, se necesita teclear la siguiente formula de Excel para calcular el BIC: =2*B5+2*LN(COUNT(A9:A21))*COUNT(B1:B4)

3. Los resultados finales se muestran a continuación (Figura 31). En los laboratorios 3 y 4 se pidió que se construyeran los modelos de von Bertalanffy, logístico y Gompertz los resultados se pueden observar en el Anexo tres. Se tendrán que

modificar para incluir los cálculos de AIC y BIC, los resultados se observan a continuación (Figura 31, Figura 32, Figura 33 y Tabla 2)

Tabla 2. Estimaciones de los parámetros de los modelos usados para la modelación del crecimiento y valores de los criterios AIC y BCI para la selección de modelos.

Parámetro/modelo	von Bertalanffy	Logístico	Gompertz
L_∞	61.23	58.93	58.82
K	0.30	0.55	0.48
I/t_0	-0.06	2.30	0
σ	1.11	3.04	2.24
LL	26.28	39.4	35.44
AIC	60.55	86.80	78.89
BIC	73.07	99.32	91.40

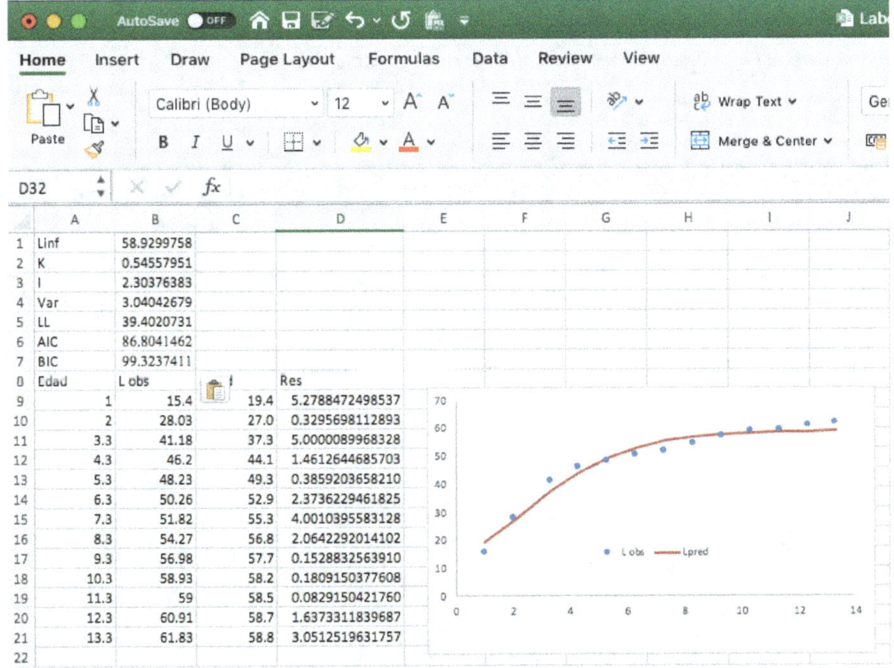

Figura 31. Ajuste del modelo logístico de crecimiento y cálculo de los criterios AIC y BIC.

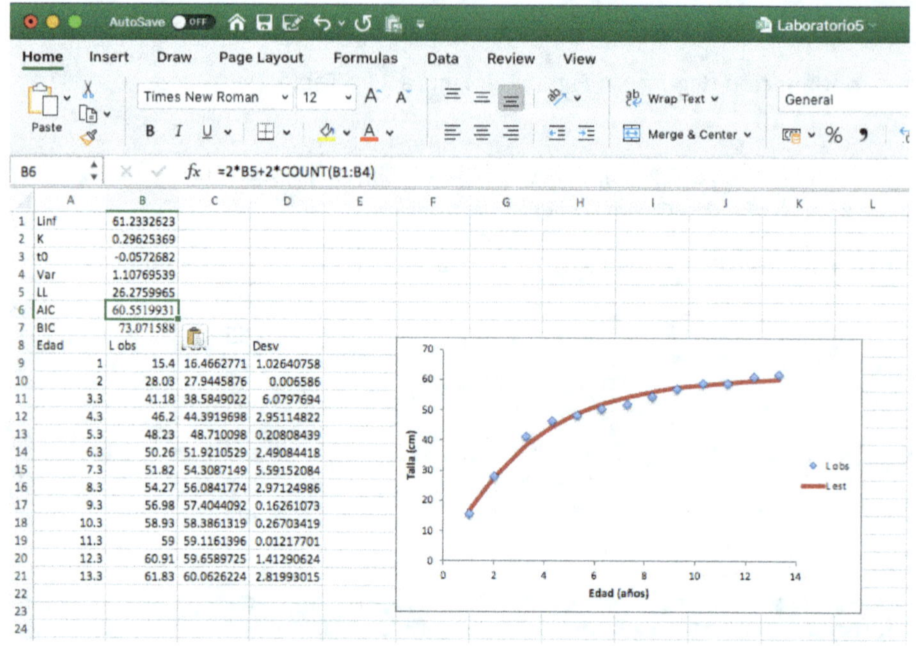

	A	B	C	D
1	Linf	61.2332623		
2	K	0.29625369		
3	t0	-0.0572682		
4	Var	1.10769539		
5	LL	26.2759965		
6	AIC	60.5519931		
7	BIC	73.071588		
8	Edad	L obs		Desv
9	1	15.4	16.4662771	1.02640758
10	2	28.03	27.9445876	0.006586
11	3.3	41.18	38.5849022	6.0797694
12	4.3	46.2	44.3919698	2.95114822
13	5.3	48.23	48.710098	0.20808439
14	6.3	50.26	51.9210529	2.49084418
15	7.3	51.82	54.3087149	5.59152084
16	8.3	54.27	56.0841774	2.97124986
17	9.3	56.98	57.4044092	0.16261073
18	10.3	58.93	58.3861319	0.26703419
19	11.3	59	59.1161396	0.01217701
20	12.3	60.91	59.6589725	1.41290624
21	13.3	61.83	60.0626224	2.81993015

Figura 32. Ajuste del modelo de von Bertalanffy de crecimiento y cálculo de los criterios AIC y BIC.

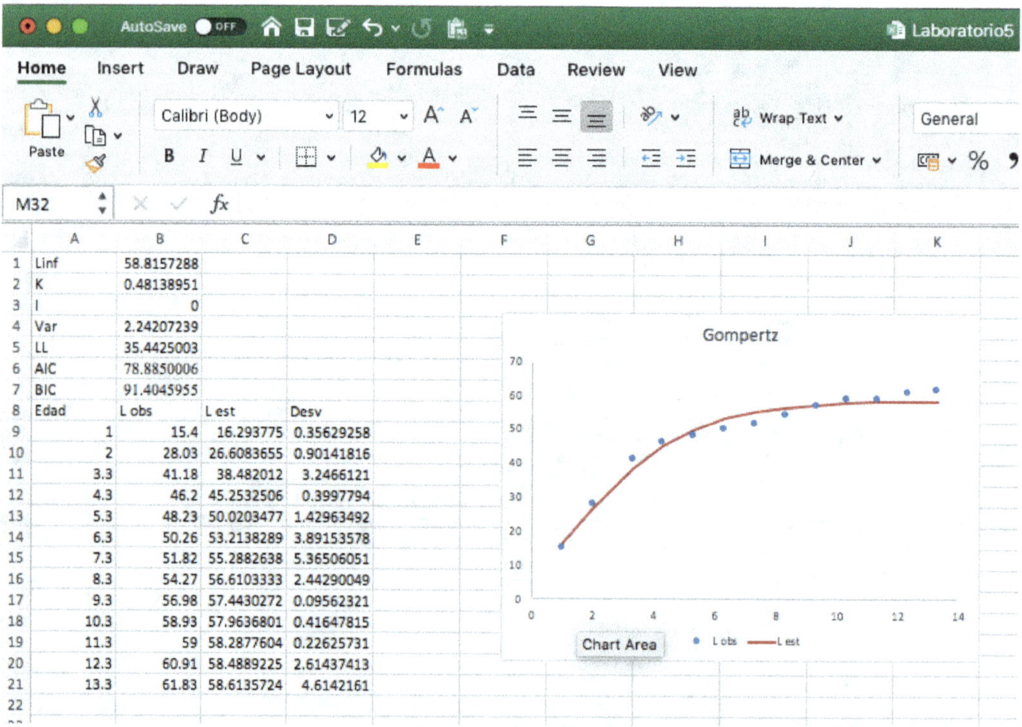

	A	B	C	D
1	Linf	58.8157288		
2	K	0.48138951		
3	I	0		
4	Var	2.24207239		
5	LL	35.4425003		
6	AIC	78.8850006		
7	BIC	91.4045955		
8	Edad	L obs	L est	Desv
9	1	15.4	16.293775	0.35629258
10	2	28.03	26.6083655	0.90141816
11	3.3	41.18	38.482012	3.2466121
12	4.3	46.2	45.2532506	0.3997794
13	5.3	48.23	50.0203477	1.42963492
14	6.3	50.26	53.2138289	3.89153578
15	7.3	51.82	55.2882638	5.36506051
16	8.3	54.27	56.6103333	2.44290049
17	9.3	56.98	57.4430272	0.09562321
18	10.3	58.93	57.9636801	0.41647815
19	11.3	59	58.2877604	0.22625731
20	12.3	60.91	58.4889225	2.61437413
21	13.3	61.83	58.6135724	4.6142161

Figura 33. Ajuste del modelo de Gompertz de crecimiento y cálculo de los criterios AIC y BIC

4. Ahora se repetirán los cálculos con R. Hay que usar el código que se usó en el Laboratorio 4. Este código permitirá reproducir los resultados anteriores (Figura 19):

```
merluza <- read.csv("merluza.csv", header=T)
edad<-merluza$Edad
lon<-merluza$Longitud
theta<-rep("Na",4)
theta[1] <- 65
theta[2] <- 0.5
theta[3] <- 1.5
theta[4] <- .03
SSQ <- function(theta, x) {
  Linf <- theta[1]
  K <- theta[2]
  t0 <- theta[3]
  sigma <- theta[4]
  dev<-rep(0,length(edad))
  lpred<-rep(0,length(edad))
  for (i in 1:length(edad)) {
   lpred[i]<-Linf/(1+exp(-K*(edad[i]-t0)))
   dev[i]<- (lon[i]-lpred[i])^2.
  }
  ssq<- sum(dev)/(2*sigma)+(length(edad)/2)*log(2*pi)+length(edad)*log(sigma)

  return(ssq)
}
result<-optim(theta, fn=SSQ, method="L-BFGS-B", lower=c(50,0.1,.5,.01),
upper=c(70,2,4,10),x=edad,hessian=T,control=list(maxit=2000,REPORT=T))
```

Las estimaciones de los parámetros y sus incertidumbres se obtienen con *result*:

```
result
```

```
> result
$par
[1] 58.9299349  0.5455811  2.3037595  3.0403869

$value
[1] 39.40207
```

```
$counts
function gradient
    46     46

$convergence
[1] 0

$message
[1] "CONVERGENCE: REL_REDUCTION_OF_F <= FACTR*EPSMCH"

$hessian
          [,1]         [,2]         [,3]        [,4]
[1,]  3.124526e+00  3.525584e+01 -8.520047e+00 1.164402e-05
[2,]  3.525584e+01  7.057783e+02 -7.869853e+01 1.580052e-04
[3,] -8.520047e+00 -7.869853e+01  7.997447e+01 2.582112e-05
[4,]  1.164402e-05  1.580052e-04  2.582112e-05 1.406341e+00
```

De los resultados anteriores se observa que el valor del logaritmo negativo de la verosimilitud es 39.40207 y se puede acceder con la instrucción result$value:

```
result$value
```

```
> result$value
[1] 39.40207
```

Con esta instrucción se puede calcular directamente los valores de los criterios de selección de modelo de Akaike (Ecuación 22) y el Bayesiano (Ecuación 23):

```
AIC<-2*result$value+2*length(theta)
AIC
```

```
> AIC
[1] 86.80415
```

De manera semejante el criterio de información Bayesiano se obtiene de la siguiente forma:

```
BIC<-2*result$value + 2*log(length(merluza$Edad))*length(theta)
BIC
> BIC
[1] 99.32374
```

5. Estos resultados coinciden con los encontrados anteriormente con Excel (Tabla 2, Figura 31). Los cálculos para los modelos logístico y de Gompertz solo requieren la modificación de una línea de código en la función SSQ que incorpore las ecuaciones correspondientes, por ejemplo, para el modelo de von Bertalanffy la línea de código se modifica como:

```
lpred[i]<-Linf*(1-exp(-K*(edad[i]-t0)))
```

Para el modelo de Gompertz la línea de código modificada es la siguiente:

```
lpred[i]<-Linf*exp((-1/K) *exp(-K*(edad[i]-t0)))
```

Después de sustituir la línea de código se tiene que correr el script para obtener los resultados de AIC y BIC.

Se puede observar que el modelo de von Bertalanffy consistentemente obtiene los valores más pequeños de AIC y BIC (Tabla 2), por lo que podemos concluir que este modelo es el que mejor se ajusta a los datos observados.

Capítulo VI Estadística Bayesiana para la estimación de los parámetros de crecimiento

Existen tres importantes metodologías para el análisis de datos: Bootstrapping, análisis paramétrico y análisis Bayesiano. Los métodos Bayesianos usan el Teorema de Bayes para calcular y actualizar probabilidades después de recabar nuevos datos. Thomas Bayes (1701-1761) fue un estadístico, filósofo y ministro presbiteriano en Tunbridge Wells, en el sur de Londres en Inglaterra. El formuló el teorema que lleva su nombre en el artículo "Essays towards solving a problem in the doctrine of chances". Sin embargo, nunca publicó su trabajo, sus notas fueron editadas y publicadas dos años después de su muerte por Richard Price (McGrayne, 2011) en la revista Philosophical Transactions.

Muchos cálculos de probabilidad se basan en el paradigma frecuentista, en el cual las probabilidades son estimadas como frecuencias relativas de resultados basados en un conjunto grande de intentos. Es importante mencionar que en esta metodología no se asume conocimiento previo de la probabilidad de un evento. En contraste, el paradigma Bayesiano, basado en una fórmula para la probabilidad condicional desarrollada por Thomas Bayes, propone la idea de que los investigadores podrían tener una idea de la probabilidad de un evento antes de que las pruebas o muestra de datos se lleve a cabo. Estas probabilidades a priori pueden estar basadas en experiencia previas, intuición o predicciones de modelos. (Gotelli y Ellison, 2004).

El teorema de Bayes es una fórmula para calcular probabilidades condicionales:

$$P(A_i|B) = \frac{P(B|A_i)P(A_i)}{P(B)} \tag{28},$$

donde P(A|B) es la probabilidad de un evento A dado que el evento B ha ocurrido. La Derivación de este teorema se pueden consultar en Hadon (2001) y Gotelli y Ellison (2004). Si se asume que B son los datos observados en la naturaleza y que A_i son las hipótesis (modelo y valores de los parámetros) se puede derivar la forma del teorema de Bayes que se usa en las ciencias pesqueras, donde se intenta determinar cuál de una serie de n hipótesis es la más probable cuando se han observado ciertos datos:

$$P\{H_i|datos\} = \frac{L\{datos|H_i\}P\{H_i\}}{\sum_{i=1}^{n}[L\{datos|H_i\}P\{H_i\}]} \tag{29},$$

donde $P\{H_i|datos\}$ es la distribución de probabilidad posterior o a posteriori de la hipótesis H_i, L es la verosimilitud de los *datos* dada la hipótesis H_i, $P\{Hi\}$ es la probabilidad a priori de la Hipótesis H_i. En opinión de Haddon (2001), en las ciencias pesqueras, para usar el teorema de Bayes para generar la distribución posterior se requieren tres cosas:

1. Una lista de hipótesis para ser considerada en el modelo bajo consideración (es decir, las combinaciones de parámetros y modelos que se van a considerar)

2. Una función de verosimilitud requerida para calcular la densidad de probabilidad de los datos observados da cada hipótesis i, $L\{data|H_i\}$

3. Una probabilidad a priori para cada hipótesis, normalizada de tal forma que la suma de todas las probabilidades a priori sea igual a uno.

El uso de la estadística Bayesiana en las ciencias pesqueras se ha expandido en las últimas décadas (Chen y Fournier, 1999; McAllister y Ianelli, 1997; Punt y Hilborn, 1997; Maunder y Punt, 2013) y ha sido de gran utilidad para el manejo sustentable de los recursos pesqueros en varias regiones del mundo; por ejemplo, en México para el pulpo rojo (Jurado-Molina, 2010); para la pesquería de Halibut en la Costa Oeste de Estados Unidos y Canadá (Stewart y Hicks, 2020); para la pesquería de la merluza en Namibia (McAllister y Kirkwood, 1998); para la pesquería del abadejo en Alaska (Ianelli et al., 2007). Aquí se aplicará esta metodología para el cálculo de los valores más probables y la distribución marginal posterior de los parámetros de los modelos de crecimiento.

Los siguientes laboratorios están enfocados a la aplicación de la estadística Bayesiana para la estimación de los parámetros de los modelos de crecimiento. En los laboratorios se usará Excel, Visual Basic y R para el cálculo de las distribuciones marginales posteriores de los parámetros de los modelos de crecimiento. La metodología que se usará en dichos laboratorios es una adaptación de los códigos y pseudocódigos desarrollados por Hilborn y Mangel (1997) y Punt y Hilborn (1997).

Laboratorio 6. Método de búsqueda de malla.

En este laboratorio se revisará el método de búsqueda de malla para estimar la distribución a posteriori de los parámetros del modelo logístico de crecimiento (Ecuación 10) para la rubia (*Ocyurus chrysurus*) con datos colectados en Veracruz, México. En el presente laboratorio se asume que el parámetro I (edad asociada al punto de inflexión de la curva de crecimiento) es conocido e igual a 3.28 años y que el error estándar es igual a 1.77 (valores tomados de ajustes hechos en Jurado et al., 2018).

Los datos disponibles para el ajuste de la curva logística de crecimiento son datos de edad y talla promedio por edad de la rubia (*Ocyurus chrysurus*) en Veracruz y fueron obtenidos de estudios previos (Gutiérrez-Benítez, 2012; Jurado-Molina *et al.*, 2018). Se asume que el error entre las predicciones del modelo y las observaciones están distribuidas de forma normal, entonces la verosimilitud está dada por la Ecuación (20) y para la estimación se usa el logaritmo natural negativo de la verosimilitud (Ecuación 21). En este laboratorio se asume que la longitud asintótica tiene una distribución a priori normal $L_\infty \sim N(52.86, 9.17^2)$, con valores de la media y la desviación estándar estimados a partir de valores tomados de varios estudios sobre la especie (Jurado-Molina *et al.*,

2018). Debido a que en la mayoría de los estudios de crecimiento de la rubia se asume por defecto el modelo de von Bertalanffy, no hay información a priori del parámetro de crecimiento del modelo logístico por lo que se asume que la tasa de crecimiento tiene una distribución uniforme $K \sim [0.4, 0.69]$. En general se asume una distribución uniforme cuando no existe mucha información previa sobre el parámetro. Ahora se usará el método de búsqueda en red o malla para estimar estos dos parámetros. Este método es fácil de implementar, hay que seguir los siguientes pasos.

1. Abre un nuevo archivo de Excel. Ahora nombra a la primera hoja (Sheet1) como *"Likelihood"*. Agrega dos hojas más y nómbralas *"Main"* y *"summary"* respectivamente. En la primera hoja *"Likelihood"*, se calculará la verosimilitud para cada combinación de L_∞ y K (celdas C23:V52) usando la función *Table* de Excel. En las celdas A2:A5 se introducen las etiquetas de los parámetros del modelo (Figura 34). En las celdas B2:B5 se introducirán los valores iniciales de los parámetros del modelo. Introduce los siguientes valores en las celdas correspondientes: L_∞= 60, K = 0.4, I = 3.28, σ =1.77. Introduce en las celdas A9:A15 los datos de la edad de los organismos y en las celdas B9:B15 los datos de longitud por edad, como se muestra enseguida (Figura 34).

	A	B	C
1	Parámetros		
2	Linf	60	
3	K	0.4	
4	I	3.28	
5	sigma2	1.77	
6			
7			
8	Edad	Lt	
9	1	15.31	
10	2	25.8	
11	3	27.16	
12	4	38.26	
13	5	45.92	
14	6	52.23	
15	7	54.93	
16			

2. En las celdas C9:C15 introduciremos el modelo logístico. Empecemos con introducir la Ecuación (10) del modelo logístico en la celda C9 con la siguiente formula: =$B$2/(1+EXP(-$B$3*(A9-$B$4))). En la instrucción anterior $B$2 es la longitud asintótica, $B$3 es la tasa instantánea de crecimiento y $B$4 es la edad en el punto de inflexión de la curva de crecimiento. Ahora copia esta instrucción hasta la celda C15. En la celda C8 teclea "Lobs". En seguida se necesita calcular la verosimilitud. En lugar de usar la Ecuación (20) usaremos el logaritmo negativo de la verosimilitud con algunas modificaciones para darle más estabilidad al modelo (Ecuación 21).

3. En la celda A6 teclea la etiqueta "LL" y en la A7 teclea la etiqueta "*Like*". Ahora Teclea la siguiente instrucción en la celda D9: = (B9-C9)^2/$B$5 y cópiala hasta la celda D15. En la celda D8 teclea "Dev" para las desviaciones o errores. Nombra la celda B6 como "*LL*" y calcula la suma de las verosimilitudes negativas logarítmicas con la siguiente instrucción:

=(COUNT(B9:B15)/2)*LN(2*PI())+COUNT(B9:B15)*LN($B$5)+.5*SUM(D9:D15)

4. El siguiente paso es trabajar con la tabla. En las celdas B19 y B20 teclea la etiqueta "incremento". En la celda C19 introduce el valor 2.0 y en la C20 el valor 0.01. Estos incrementos servirán para establecer los valores de la longitud infinita y la tasa de crecimiento respectivamente. En la celda B23 introduce el valor 0.4. Ahora en la celda B24 teclea la siguiente formula: =B23+$C$20 y cópiala hasta la celda B52. El último valor tiene que ser 0.69. Ahora construiremos los valores para la longitud infinita. En la celda C22 introduce el valor 40 y en la celda D22 la fórmula: =C22+$C$19. Ahora copia la formula hasta la celda V22. El último valor tiene que ser 78. En las celdas B23:B52 se tienen los valores de la tasa instantánea de crecimiento K. En C22:V22 se tienen los valores

para L_∞. Ahora para calcular la verosimilitud introduce en la celda B7 la fórmula: =EXP(-B6). Enseguida en la celda B22 teclea la siguiente instrucción: =B7.

5. Ahora se puede usar la función *Table,* para lo cual seleccionamos las celdas B22:V52 y hay que dirigirse al menú de datos (*Data*) y seleccionamos *Table* como se aprecia enseguida (Figura 35). En la ventana emergente, en la opción "Row input cell" tecleamos \$B\$2 (L_∞) y en la otra opción tecleamos \$B\$3 (*K*) como se observa enseguida (Figura 35 y Figura 36), oprime *OK*. Los resultados aparecerán en C23:V52. Los valores de la similitud son muy chicos pues son el resultado de aplicar la función exponencial a un valor en el orden de 10^2.

En Excel de Windows se tiene que seleccionar *Datos ® Análisis de Hipótesis ® Tabla de datos*. Es importante mencionar que hasta ahora solo hemos calculado la verosimilitud asociada a cada combinación de L_∞ y *K*. Ahora necesitamos calcular la distribución a posteriori de estos dos parámetros.

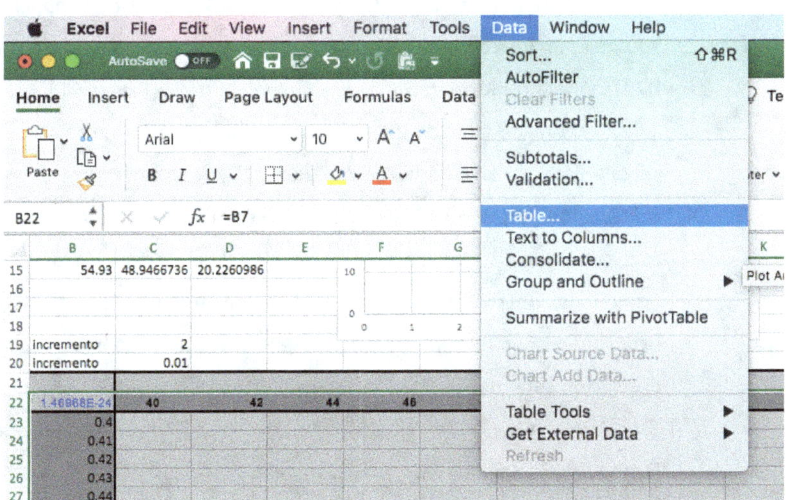

Figura 35. *Selección de datos y de opciones de Menú para llevar a cabo una tabla.*

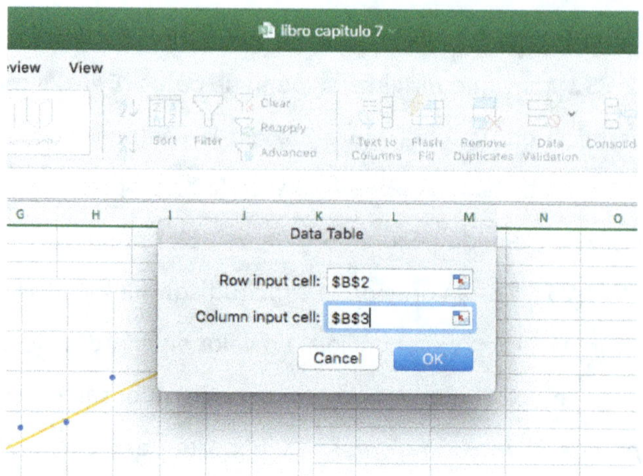

Figura 36. Opciones de entrada para el renglón y la columna de la tabla.

6. Ahora se usará la hoja de trabajo *"Main"*, el primer paso es copiar los valores de la longitud asintótica y la tasa de crecimiento que se usaran en la búsqueda de malla en la hora de trabajo *"Likelihood"*. En la celda C7 de la hoja *"Main"* teclea la siguiente instrucción: =Likelihood!C22. Copia esta instrucción a las celdas D7:V7. Ahora repite el mismo procedimiento para las celdas C43:V43 y C77:V77.

   Ahora en la celda B8 introduce la siguiente formula: =Likelihood!B23 y cópiala para el resto de las celdas (B9:B37) y repite el mismo proceso para las celdas B44:B73 y B78:B107. Ahora se tienen definidas las matrices que ayudaran al cálculo de la distribución posterior marginal de los parámetros.

7. Como mencionamos antes la media de la longitud asintótica es 52.86 introduce esta cantidad en la celda B2 con etiqueta *"Media"* en la celda A2. Así mismo la desviación estándar es 9.17, teclea este valor en la celda B3 con etiqueta *"Desv. Est"* en A3. Ahora a la celda B2 nómbrala como *"mean"* y a la celda B3 como *"standev"*. En seguida hay que formatear las celdas B2:B3 para que tengan un fondo de color rojo.

   En las celdas C8:V37 copia los resultados (celdas C23:V52 de la hoja Likelihood) de la verosimilitud que se encuentran la hoja de trabajo "Likelihood".

Inicia en la celda C8 con la instrucción: =Likelihood!C23 y copia esta fórmula al resto de las celdas de la matriz C8:V37.

Ahora se calculará el perfil de la verosimilitud de L_∞. Como se mencionó, dado un valor fijo de un parámetro se encuentra el máximo de la verosimilitud cambiando los valores del otro parámetro. En nuestro caso es muy fácil pues solo tenemos que usar la función *MAX* de EXCEL. En la celda C38 calcula el máximo de las celdas C8:C37 con la siguiente instrucción: =MAX(C8:C37). Copia esta instrucción en las celdas D38:V38. Cambia el formato de estad celdas (C38:V38) con un fondo de color anaranjado (o cualquiera de tu preferencia). En la celda W38 calcula la suma de las celdas C38:V38, ¿Cuál es su valor? ¡No es uno! Entonces, necesitamos normalizar. Para normalizar este perfil introduce la siguiente formula en la celda C39: =C38/$W$38. Copia esta instrucción en las celdas D39:V39. El perfil de verosimilitud estandarizado para L_∞ se encuentra en las celdas C39:V39. Formatea las celdas C39:V39 con un fondo de color azul (o el de tu preferencia). En la celda W39 teclea la siguiente instrucción: =SUM(C39:V39). Esta suma debe dar un valor de uno. Ahora siguiendo el mismo procedimiento calcula el perfil de verosimilitud de K en las celdas X8:Y37. En la celda X38 se calcula la suma de los máximos de verosimilitud y en la Y38 la suma de los máximos estandarizados de la verosimilitud y debe ser uno. Formatea los fondos de las celdas con los colores correspondientes. Las celdas que contienen el perfil de verosimilitud tienen color azul.

8. Para calcular la distribución posterior marginal de los parámetros se calcula el producto de la verosimilitud por la probabilidad a priori de los parámetros en las celdas C44:V73. El primer paso es calcular la probabilidad a priori de la longitud asintótica en las celdas C42:V42. Hay que recordar que se asume que la distribución a priori de la longitud asintótica tiene una distribución normal, cuyos parámetros fueron calculados de datos previamente publicados para la rubia en distintas locaciones (Jurado-Molina et al., 2018). Introduce en la celda C42 la siguiente instrucción: =NORM.DIST(C43, mean, standev,); hay que recordar que

"mean" es el nombre de la celda B2 que contiene la media de la longitud infinita y "standev" corresponde a la celda B3 y la desviación estándar del mismo parámetro. Con esta instrucción se calcula la probabilidad para una longitud asintótica de 40 cm (celda C43) dado que la media es 52.86 y la desviación estándar es 9.17. Copia esta instrucción para el resto de las celdas (D42:V42). Como K tiene una distribución uniforme todos los valores de este parámetro tienen la misma probabilidad (1). Así que hay que teclear el valor de uno en las celdas A44:A73. En las celdas C44:V73 se va a calcular el producto de las verosimilitudes y las probabilidades a priori de los dos parámetros. Se necesita usar los signos de pesos para mantener fija la referencia a las probabilidades a priori cuando se copie la instrucción, por ejemplo, en la celda C44 teclea la siguiente formula: =C8*C$42*$A44. Copia esta fórmula para el resto de las celdas de la matriz C44:V73.

9. Como último paso se tiene que normalizar los productos anteriores en las celdas C78:V107 para calcular la distribución a posteriori conjunta. Para hacer la normalización se necesita calcular la suma de las celdas C44:V73 en la celda W73 con la fórmula: =SUM(C44:V73). Ahora para normalizar, en la celda C78 teclea la siguiente instrucción: =C44/$W$73. Copia esta instrucción para el resto de las celdas de la matriz C44:V73. Ahora en la celda W107 calcula la suma de las celdas C78:V107, el resultado debe ser uno.

10. El siguiente paso es calcular las distribuciones a posteriori marginales de L_∞ (celdas C108:V108) y K (celdas X78:X107). En la celda C108 teclea la siguiente instrucción: =SUM(C78:C107) y copia esta fórmula para el resto de las celdas (D108:V108). En la celda X78 teclea la instrucción: =SUM(C78:V78) y copia la fórmula para el resto de las celdas (X79:x107). Ahora se tiene que normalizar las distribuciones a priori de los parámetros en las celdas Y78:Y107 (K) y C109:V109 (L_∞). Para normalizar la distribución a priori de la longitud asintótica, en la celda W42 teclea: =SUM(C42:V42) y en la celda A74 teclea: =SUM(A44:A73). Ahora para normalizar la priori introduce en la celda C109: =C42/$W$42 y copia para el

resto de las celdas (D109:V109). Repite el mismo procedimiento para K en las celdas Y78:Y107.

11. Para finalizar solo se tienen que mostrar los resultados en forma gráfica. Ahora se hará una gráfica tridimensional de la distribución a posteriori de K y L_∞ y una proyección plana (dos dimensiones) de esta distribución tridimensional. Como primer paso selecciona las celdas B77:V107 de la hoja "Main", como se aprecia enseguida (Figura 37); asegurarse de que la celda B77 este vacía. Ahora del menú principal selecciona *Insert -> Chart -> Surface* y aparecerá una gráfica tridimensional como se aprecia a continuación (Figura 38). Ahora selecciona la figura con el mouse y oprime las teclas *ctrl X* al mismo tiempo para cortar la figura. Sitúate en la celda A3 de la hoja "Summary" y pega la figura (ctrl V), el resultado se deberá ver como se muestra en la Figura 39).

Ahora se hará una gráfica con la distribución posteriori marginal y la priori normalizada de cada parámetro. Primero introduce en la celda B77 el carácter "K". Ahora selecciona las celdas B77:V77. Ahora presiona cmd y da click en la celda B108, luego sin soltar cmd, presiona la tecla shift y el cursor ®. Sin soltar las teclas *cmd* y *shift* oprime ¯. Ahora inserta una gráfica de dispersión con líneas y arregla el formato para que la gráfica se vea como la Figura 40). El siguiente paso es hacer una gráfica semejante para la tasa de crecimiento K. Los resultados se deberán ver como se muestra enseguida (Figura 41).

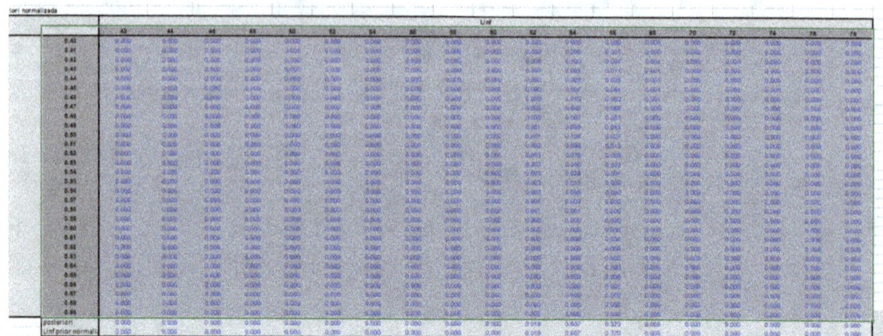

Figura 37. Selección del rango de datos para construir una gráfica de tercera dimensión para la distribución a posteriori conjunta.

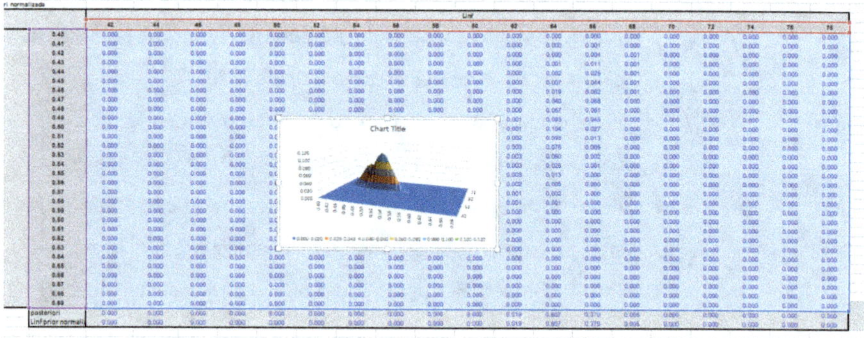

Figura 38. Figura tridimensional de la distribución a posteriori conjunta de los parámetros L_∞ y K del modelo logístico de crecimiento para la rubia en Veracruz.

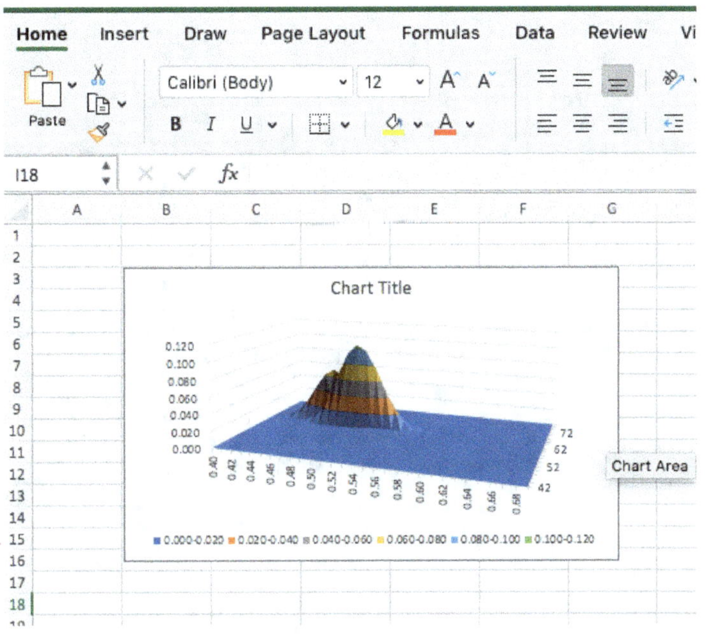

Figura 39. Figura tridimensional de la distribución a posteriori conjunta de los parámetros L_∞ y K del modelo logístico de crecimiento para la rubia en Veracruz.

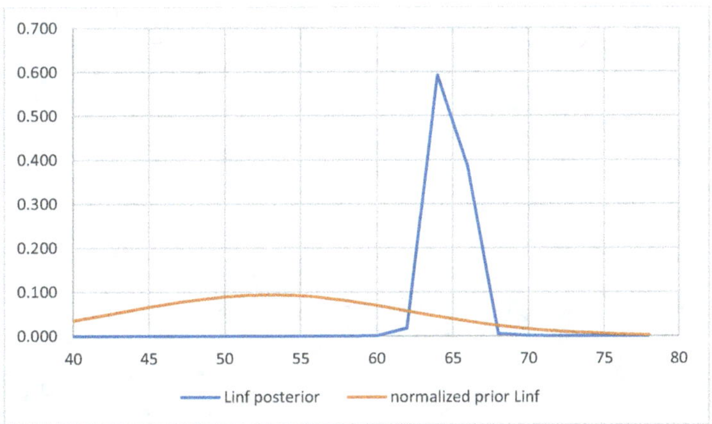

Figura 40. Distribución marginal a posteriori (Linf posterior) y distribución a priori (normalized prior Linf) de la longitud asintótica de la curva de crecimiento logístico de la rubia en Veracruz.

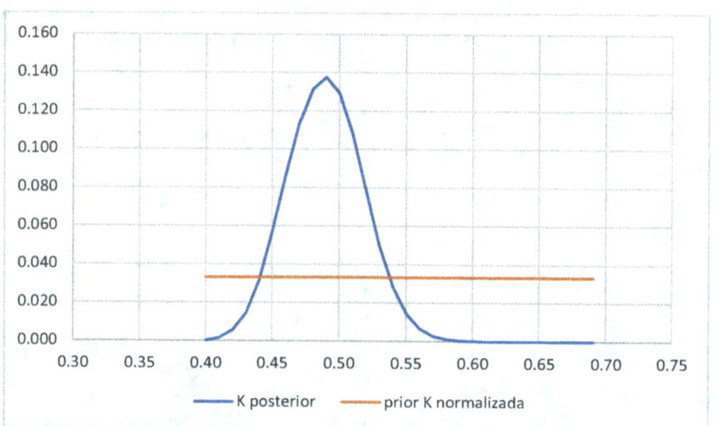

Figura 41. Distribución marginal a posteriori (K posterior) y distribución a priori (prior K normalizada) de la tasa de crecimiento de la curva de crecimiento logístico de la rubia en Veracruz.

Laboratorio 7. Métodos para estimar la distribución a posteriori: SIR (Excel-Visual Basic)

En el presente laboratorio se usará el método SIR para el cálculo de la distribución a posteriori de los parámetros (L_∞ y K) del modelo logístico.

El método sampling/importance resampling method (Van Dijk et al., 1987; Rubin, 1988) es un método sencillo no iterativo que aproxima la distribución a posteriori para problemas de grandes dimensiones.

De acuerdo con Punt y Hilborn (2001), el método consiste en los siguientes pasos:

1. Un vector de valores de los parámetros $\underline{\theta}$ se obtiene de la distribución a priori
2. La verosimilitud de este vector de valores de parámetros $L(D|\underline{\theta})$ se evalúa
3. El vector de parámetros y la verosimilitud correspondiente se almacenan
4. Pasos 1-3 se repiten miles o millones de veces para construir una distribución a posteriori conjunta.

El método SIR se implementará en Excel y Visual Basic para estimar las distribuciones a posteriori de los parámetros del modelo logístico (10). Para implementar el método SIR en Excel, abre un nuevo archivo. Este archivo contendrá todo lo necesario para correr el algoritmo SIR y calcular la distribución a posteriori de L_∞ y K. El archivo contendrá código en visual Basic y la hoja de trabajo de Excel. El modelo funciona de la siguiente manera: los parámetros son generados aleatoriamente en el código Visual Basic. Estos valores se pasan a la hoja de trabajo donde se actualiza el modelo logístico y se calcula la verosimilitud y la distribución posterior. Enseguida se pasan los valores de los parámetros y la distribución posterior al código visual Basic para calcular los intervalos de clase de los parámetros y construir las distribuciones posteriores. Finalmente se pasan los resultados a la hoja de cálculo para actualizar las gráficas. Implementa el método SIR siguiendo los siguientes pasos.

1. Nombra la hoja de trabajo como "Main"; en las celdas B2:B22 hay que teclear todos los parámetros usados en el modelo (Figura 42). Algunos parámetros corresponden al modelo, otros a las distribuciones a priori de los parámetros, los parámetros del método SIR y algunos para Visual Basic. En las celdas A25:B32 se encuentran los datos de la edad de la rubia (*Ocyurus chrysurus*) y su longitud total en centímetros. Jurado *et al.* (2018) estimaron los parámetros de

crecimiento de esta especie y su incertidumbre con métodos de máxima verosimilitud (con tres supuestos para la variancia residual) y Bayesianos. En este laboratorio se usarán algunos de sus resultados. Empieza por teclear las etiquetas y los valores de los parámetros que se muestran en la en las celdas correspondientes de la hoja "Main" como se muestra a continuación (Tabla 3 y Figura 42):

Tabla 3. Parámetros de entrada para el método SIR

Parámetro	Valor
npars	2
Linf	66
K	0.54
I	3.28
sigma	1.77
Linfmin	40
Linfmax	70
Kmin	0
Kmax	1.5
Screen on	0
Screen refresh	500
Número de replicas	5000
Prior de Linf	1
Prior de K	1

Los valores de los parámetros $L\infty$, K, I y σ se tomaron de Jurado et al. (2018). En este laboratorio se asume que los valores de σ e I permanecen constantes. Sin embargo, se puede utilizar la misma metodología que se usa para $L\infty$ y K *sin* ningún problema. Los parámetros Linfmin, Linfmax, Kmin y Kmax representan los valores mínimos y máximos de las distribuciones uniformes que son las distribuciones a priori de los parámetros $L\infty$ y K. En general se usan distribuciones uniformes cuando no hay un conocimiento previo del fenómeno. Si se tiene conocimiento previo se pueden cambiar estos parámetros por la media y la desviación estándar, como Jurado et al. (2018) lo hicieron para la longitud asintótica L_∞. El parámetro *Screen on* se usa en Visual Basic para actualizar la pantalla. El actualizar la pantalla requiere recursos computacionales, lo cual alenta el tiempo de proceso del programa de Visual Basic. En general, se recomienda que si el código ya no tiene *bugs* se apague la actualización de la pantalla para que sea más rápido. El parámetro *Screen refresh* permite actualizar la pantalla cada 500 iteraciones (como es el caso aquí). Como se correrán 5000 simulaciones la pantalla se actualizará 10 veces para mostrar los resultados parciales. El parámetro *nrep* representa el número de simulaciones que hará el programa. A los parámetros Prior de L_∞ y Prior de K se les asigna el valor de uno por ser distribuciones uniformes, donde todos los posibles valores tienen la misma probabilidad (uno) de ser seleccionados.

2. También hay que agregar algunos nombres para ciertas celdas. Usa la información en la Tabla 4 para nombrar las celdas correspondientes:

Tabla 4. Nombres de las celdas para la construcción del modelo logístico y el método SIR

Celda	Nombre
B2	npars
B3	Linf
B4	K
B8	Llow
B9	Lhigh
B10	Klow
B11	Khigh
B13	screenon
B14	screenrefresh
B16	nreps
B23	repsofar
F35	base

3. Como ya se mencionó, los datos observados de la talla de la rubia se encuentran en las celdas A26:A32. En la celda C25 se va a teclear la instrucción para construir el modelo logístico:

=$B$3/(1+EXP(-$B$4*(A26-$B$5)))

Los parámetros se encuentran con doble signo de $ para fijar la referencia. ¿Puedes identificar los parámetros? La celda A26 corresponde a la edad uno. Copia esta instrucción a las celdas faltantes. Cambia el formato de las celdas para que solo tengan una cifra decimal. Si todo se hizo bien obtendrás la siguiente salida (Figura 42). Ahora hay que introducir las desviaciones o errores cuadrados con la siguiente instrucción en la celda D26:

=(B26-C26)^2

Donde B26 es el valor observado y C26 el valor predicho o estimado. Cabe mencionar que al usar los mínimos cuadrados se asume que la longitud total de la rubia está distribuida normalmente. En otros casos como cuando se usa la captura por unidad de esfuerzo o cualquier otra cantidad que sea un conteo, se asume que las cantidades tienen distribución Poisson y se usa la distribución log-normal en la verosimilitud. Por ahora hay que copiar la instrucción de la celda D25 al resto de las celdas y cambiar el formato de tal forma que presenten solo tres dígitos.

Home   Insert   Draw   Page Layout   Formulas   Data   Review   View   Developer

	A	B	C	D	E
1	**Parámetros del modelo**				
2	npars	2			
3	Linf	66			
4	K	0.54			
5	I	3.28			
6	sigma	1.77			
7	**parámetros de la distribución a priori**				
8	Linfmin	40			
9	Linfmax	70			
10	Kmin	0			
11	Kmax	1.5			
12	**Parámetros de Visual Basic**				
13	Screen on	0			
14	Screen refresh	500			
15	**Parámetros de SIR**				
16	Numero de replicas	500000			
17	**Likelihood**				
18	log de la verosimilitud	56.86974502			
19	Verosimilitud	2.00347E-25			
20	prior de Linf	1			
21	Prior de K	1			
22	Posterior	2.00347E-25			
23	Rep so far	500000			
24					
25	**Edad**	**Long obs**	**Long pred**	**SSQ**	
26		1	15.31	14.9	0.157
27		2	25.8	22.0	14.224
28		3	27.16	30.5	11.222
29		4	38.26	39.3	1.157
30		5	45.92	47.3	1.935
31		6	52.23	53.6	2.016
32		7	54.93	58.2	10.650
33					

Figura 42. Construcción del modelo logístico para la ejecución del método SIR.

4. Ahora se necesita implementar la ecuación del logaritmo negativo de la verosimilitud (Ecuación 21) en la celda B18 con la siguiente instrucción:

=SUM(C26:C32)/(2*$B$6^2)+COUNT(C26:C32)*LN(2*PI())/2+COUNT(C26:C32)*LN($B$6
^2)

El primer término es la suma de cuadrados dividido por dos veces el error estándar al cuadrado. Los términos restantes son una constante. Compara esta instrucción con la ecuación (21), ¿concuerdan los términos? Ahora en la celda B19 se calculará la verosimilitud aplicando la función exponencial:

=EXP(-B18)

Para calcular la posterior se necesita multiplicar la verosimilitud por el valor de las distribuciones a priori. En el caso particular de las distribuciones uniformes, este valor es uno. Para generalizar para futuro uso de otras distribuciones a priori se implementará la siguiente fórmula para la posterior:

=B19*B20*B21

En el caso particular de las distribuciones a priori uniformes el valor de la verosimilitud coincide con el valor de la posterior debido al valor de las distribuciones a priori. Solo falta hacer la gráfica de los valores observados (B25:B32) y estimados (C25:C32). Haz la gráfica y recuerda que los datos observados se grafican con puntos y los datos estimados con una línea. Si todos los pasos están correctos, deberás obtener los siguientes resultados (Figura 43):

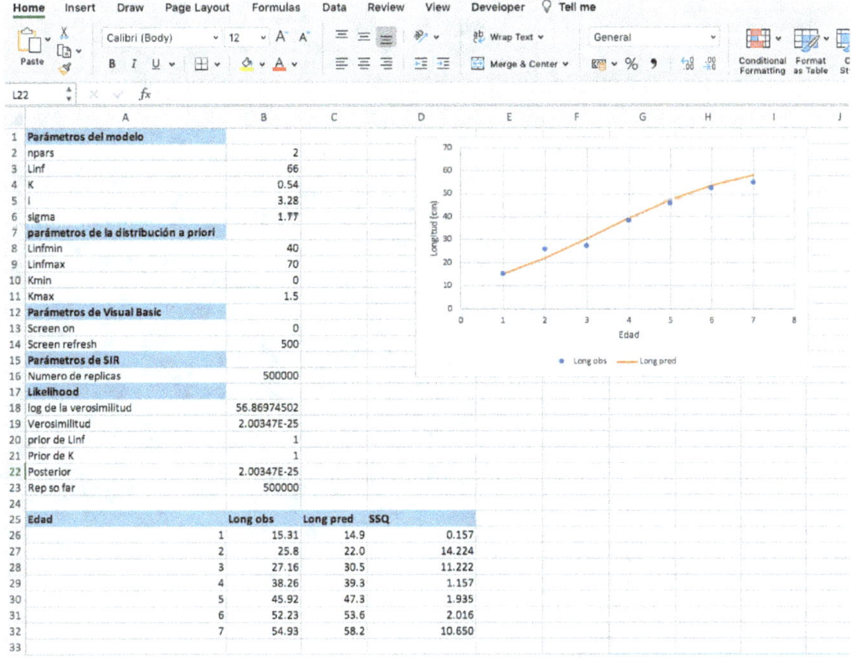

Figura 43. Construcción del modelo logístico para la ejecución del método SIR.

5. Hasta ahora se ha construido el modelo para el crecimiento logístico de la rubia. Ahora se implementará el método SIR en Visual Basic. En la implementación de este proceso también se aprenderá algunos de los conocimientos básicos de Visual Basic.   El primer paso es oprimir las teclas alt y F11 al mismo tiempo para abrir el editor del Visual Basic (Figura 44). En el menú principal selecciona *Insert* y luego *Module* para obtener un módulo de edición. Lo primero que vamos a teclear en el módulo es: *Option Explicit*. Al usar esta opción se asegura que todas las variables tienen que ser declaradas antes de ser usadas por el compilador. El carácter ' se utiliza para declarar un comentario. Los comentarios se agregan para hacer el código más fácil de entender y son ignorados por los compiladores e intérpretes. Haremos algunos comentarios para que sea más fácil entender el funcionamiento del código:

Figura 44. Editor de Visual Basic.

Option Explicit

```
' Para usar este programa con otras hojas de trabajo se necesita:
' a) Construir el modelo logístico en una hoja de trabajo llamada "Main"
' b) Incluir estas celdas en "Main":
'     "npars"    : número de parámetros sobre los cuales la posterior se evaluará
'     "nreps"    : número total de evaluaciones (iteraciones) en el SIR
'     "like"     : la verosimilitud evaluada para los valores actuales de los parámetros
'     "Posterior : producto de la verosimilitud por las priors
' c) Asegurarse de revisar y cambiar cuando sea necesario las secciones
'    llamadas "USER-DEFINED"
```

Ahora iniciemos el programa definiendo

```
Sub RunSIR()
```

Después de dar enter se obtendrá lo siguiente:

```
Sub RunSIR()

End Sub
```

Es Buena idea comentar que *End Sub* es el final del código:

```
Sub RunSIR()


End Sub ' End Código SIR
```

Ahora se tecleará el código restante entre estas dos instrucciones. Como primer paso vamos a declarar las variables que se van a usar:

```
Sub RunSIR()


    Dim theta(10) As Double, npars As Integer, nreps As Long
    Dim Linf As Double, K As Double
    Dim Linflow As Double, Linfhigh As Double, Klow As Double, Khigh As Double


End Sub  ' End SIR
```

Las declaraciones de variables siempre empiezan con *Dim*. *theta* se ha declarado un vector de dimensión 10, de elementos con doble precisión. *npars* como *Integer* (entero) y *nreps* como *Long*. Matemáticamente, estos dos parámetros representan números enteros. Sin embargo, las variables de tipo *Integer* van de -32,768 a 32,768. Por el contrario, las variables de tipo Long pueden tomar valores en un rango más grande: -2,147,483,648 a 2,147,483,647. Por esta razón se define nreps como Long para que pueda tomar valores tan altos como 100,000 ó más.

Ahora se definirá el uso de la pantalla, el propósito de apagar la pantalla es para que el programa corra más rápido. Si se está haciendo un debugging (depuración) del código, conviene actualizar la pantalla para poder detectar errores:

```
Sub RunSIR()
```

```vba
Dim theta(10) As Double, npars As Integer, nreps As Long
Dim Linf As Double, K As Double
Dim Linflow As Double, Linfhigh As Double, Klow As Double, Khigh As Double

'*** USER-DEFINED ********************************************
If Sheets("Main").Range("screenon") = 0 Then Application.ScreenUpdating = False

' Esta es una instrucción para depurar SIR, cuando screenon vale 1 el
' programa corre despacio. Para eliminar esta opción, cambiar por la instrucción:
' Application.ScreenUpdating = False
' Si se mantiene la instrucción original, se requiere una celda llamada "screenon" en
'  la hoja "Main".
'*********************************************************************
```

Es recomendable que en el programa principal solo se llamen a las subrutinas y que dichas subrutinas se definan más adelante. Una subrutina es un segmento de código que realiza una tarea específica. Las subrutinas se utilizan para descomponer el código de piezas grandes en partes manejables pequeñas. El uso de subrutinas facilita la construcción del código. Así que se llamará a una subrutina (*readpar*) que se encargue de leer todos los datos de entrada al programa. También llamaremos otra subrutina donde se llevará a cabo todo el proceso del método SIR (*sir*). El código aumentado es el siguiente:

```vba
Sub RunSIR()

Dim theta(10) As Double, npars As Integer, nreps As Long
Dim Linf As Double, K As Double
Dim Linflow As Double, Linfhigh As Double, Klow As Double, Khigh As Double
```

```vb
'*** USER-DEFINED ***********************************************

If Sheets("Main").Range("screenon") = 0 Then Application.ScreenUpdating = False

' Esta es una instrucción para depurar SIR, cuando screenon vale 1 el
' programa corre despacio. Para eliminar esta opción, cambiar por la instrucción:
' Application.ScreenUpdating = False
' Si se mantiene la instrucción original, se requiere una celda llamada "screenon" en
"Main".

'***************************************************************

' Esta subrutina lee los valores de todos los parámetros
Call readpars(theta(), npars, nreps, Linflow, Linfhigh, Klow, Khigh)

' Esta subrutina hace los cálculos para las distribuciones a posteriori
Call sir(theta(), npars, nreps, Linflow, Linfhigh, Klow, Khigh)

'Las siguientes instrucciones regresan EXCEL a su estado original
Application.ScreenUpdating = True
Application.Calculation = xlAutomatic

End Sub  ' End SIR
```

Como se aprecia en el código anterior llamar una subrutina requiere de ciertos argumentos. Las dos subrutinas tienen como argumentos *theta*, *npars*, *Linflow*, *Linfhigh*, *Klow*, y *Khigh*. Finalmente, con las últimas dos instrucciones regresamos a Excel a su estado normal es decir la pantalla se actualiza continuamente y los cálculos se dan de forma automática.

6. Como se aprecia el programa principal es muy sencillo. La complejidad se da al escribir el código para las subrutinas. El código de la subrutina readpars se teclea abajo del programa principal y se empieza de forma muy semejante al inicio del programa, al teclear la siguiente instrucción:

```
Sub readpars(theta() As Double, npars As Integer, nreps As Long, rlow As Double, rhigh As Double, klow As Double, khigh As Double)
```

Una vez más al dar enter, Visual Basic agrega End Sub automáticamente y se recomienda agregar un comentario para facilitar la lectura del código:

```
Sub readpars(theta() As Double, npars As Integer, nreps As Long, rlow As Double, rhigh As Double, klow As Double, khigh As Double)



End Sub ' End readpars
```

Es importante notar que, al definir la subrutina, en sus argumentos se definen las variables como *Double, Integer* o *Long*. Ahora empieza la lectura de los parámetros:

```
Sub readpars(theta() As Double, npars As Integer, nreps As Long, rlow As Double, rhigh As Double, klow As Double, khigh As Double)

    ' Lee el número de parámetros
    npars = Sheets("Main").Range("npars")

End Sub    ' End readpars
```

En la instrucción, a la variable *npars* se le asigna el valor que hay en la celda llamada *npars* que se encuentra en la hoja de trabajo *Main* de Excel. En la parte derecha de la instrucción se tiene *Sheets* que hace referencia a la página *Main*. Es importante poner el nombre de la hoja de trabajo entre comillas. Después se tiene *Range* que define el rango o las celdas en las cuales se va a direccionar la variable. Este procedimiento sencillo se sigue para todos los parámetros. Hay que nombrar la celda en Excel y luego usar el nombre de la hoja y la celda para direccionar el valor que se le va a asignar a la variable. Hay que continuar con el resto de los parámetros que hay que leer; a continuación, se muestra el código completo de la subrutina *readpars*:

```
Sub readpars(theta() As Double, npars As Integer, nreps As Long, rlow As Double, rhigh
As Double, klow As Double, khigh As Double)
' Lee el número de parámetros
  npars = Sheets("Main").Range("npars")

'*** USER-DEFINED *************************************************

  'Toma los parámetros iniciales de la hoja de trabajo
  theta(1) = Sheets("Main").Range("Linf")
  theta(2) = Sheets("Main").Range("K")

' *****************************************************************************

' Lee los parámetros necesarios para correr SIR

  nreps = Sheets("Main").Range("nreps")
  rlow = Sheets("Main").Range("Lmin")
  rhigh = Sheets("Main").Range("Lmax")
  klow = Sheets("Main").Range("Klow")
  khigh = Sheets("Main").Range("Khigh")

End Sub  ' End readpars
```

7. Ahora hay que escribir el código para la subrutina *sir*. Hay que empezar declarando la subrutina o procedimiento:

Sub sir(theta() As Double, npars As Integer, nreps As Long, Lmin As Double, Lmax As Double, Kmin As Double, Kmax As Double)

End Sub   ' End sir

Ahora hay que definir algunas variables locales que se van a usar en la subrutina:

Sub sir(theta() As Double, npars As Integer, nreps As Long, Lmin As Double, Lmax As Double, Kmin As Double, Kmax As Double)

```
Dim ibin1 As Long, ibin2 As Long
Dim irep As Long, xrandom As Double, ScreenRefresh As Long
Dim likelihood As Double
Dim posterior(20, 30) As Double
```


End Sub   ' End sir

Las variables *ibin1* e *ibin2* son enteros que se usaran en el arreglo de la distribución a posteriori conjunta. Ahora se va a leer el número de iteraciones que tienen que pasar para que se actualice la pantalla y muestre los resultados parciales.

Sub sir(theta() As Double, npars As Integer, nreps As Long, Llow As Double, Lhigh As Double, Klow As Double, Khigh As Double)

```
Dim ibin1 As Long, ibin2 As Long
Dim irep As Long, xrandom As Double, ScreenRefresh As Long
Dim likelihood As Double
Dim posterior(20, 30) As Double

'Lee el número de iteraciones para que se actualice la pantalla

ScreenRefresh = Sheets("Main").Range("screenrefresh")
```


End Sub   ' End sir

Enseguida se hará el loop principal. Looping es una de las técnicas de programación más poderosas. Un bucle (loop) permite recorrer un rango de celdas con unas cuantas líneas de código. En Visual Basic los bucles se hacen con la declaración For – *Next*. La instrucción *For* repite un grupo de declaraciones o instrucciones un número específico de veces. La sintaxis de esta declaración es:

For *counter* = *start* **To** *end*

[*statements*]

Next [*counter*]

Donde *counter* es una variable numérica que se usa como contador y se incrementa en una unidad en cada ciclo. Aunque el incremento puede ser distinto de uno, para los propósitos de este laboratorio utilizaremos el valor de uno. El argumento *start* es el valor numérico a partir del cual empieza el conteo. De forma similar, *end* es el límite de la variable numérica *counter* y que equivale al número de ciclos o bucles que efectuará la declaración *For*. Finalmente, las declaraciones *For* se pueden anidar, es decir se puede utilizar un *For* dentro de otro *For*. Ahora se usará un bucle dentro del código de la subrutina *sir*. Empieza por teclear el siguiente código para el loop:

```
' Inicio de loop principal
For irep = 1 To nreps
    theta(1) = Llow + Rnd * (Lhigh – Llow)
    theta(2) = Klow + Rnd * (Khigh – Klow)

    ' Se evalúa la verosimilitud
    likelihood = func(theta())


Next ' Loop
```

La primera instrucción asigna a *theta(1)*, que es el parámetro para la longitud asintótica, un valor aleatorio entre los valores *Lmin* y *Lmax* definidos en la hoja

Main; es decir, toma un valor de la distribución a priori de la longitud asintótica que tiene una distribución uniforme. *Rnd* provee un número al azar entre cero y uno. Lo mismo sucede para *theta(2)* que corresponde a la tasa de crecimiento *K*. La siguiente instrucción llama a la función *func* que tiene como propósito calcular la distribución posterior y que será definida más tarde. Una vez que se obtiene el valor de la posterior hay que procesar los resultados. Esto se logra calculando los intervalos de clase para los parámetros y actualiza la distribución a posteriori. Teclea el siguiente código dentro del loop y después de llamar a la función *func*:

```
'Cálculo de los intervalos de clase

ibin1 = 1 + 30 * (theta(1) - Llow) / (Lhigh - Llow)
ibin2 = 1 + 20 * (theta(2) - Klow) / (Khigh - Klow)
If ibin1 < 1 Then ibin1 = 1
If ibin1 > 30 Then ibin1 = 30
If ibin2 < 1 Then ibin2 = 1
If ibin2 > 20 Then ibin2 = 20
```

La primera instrucción calcula el intervalo de clase para el primer parámetro, la longitud asintótica. Se definen 30 intervalos de clase para *Linf* y 20 para *K*. Puede suceder que al calcular *ibin1* o *ibin2* sean mayores que treinta, para solucionar este problema se usa la función *IF*. El propósito de la declaración *IF* es revisar si una condición se cumple o no. Si la condición es cierta, se lleva el control del programa a las instrucciones dentro del bloque *IF* y comienza a ejecutarlas secuencialmente. En nuestro caso particular si *ibin1* es mayor de 30 se le asigna el valor 30 y si es menor que uno se le asigna el intervalo de clase uno. Lo mismo sucede para *ibin2*. Cabe notar que *ibin1* e *ibin2* se declararon *Long* (enteros), entonces no tienen decimales. Después de haber calculado los intervalos de clase se tiene que actualizar el valor de la distribución posterior con la siguiente instrucción:

```
'Actualización de la posterior
posterior(ibin2, ibin1) = posterior(ibin2, ibin1) + likelihood
```

Como se aprecia *posterior* es una matriz o un arreglo de dos dimensiones (L_∞ y K). Ahora se escribirán estos resultados en una matriz en Excel (Celdas G36:Z65) con la siguiente instrucción:

```
' Escribe la posterior en las celdas
Sheets("Main").Range("base").Rows(ibin1 + 1).Columns(ibin2 + 1) = posterior(ibin2,
ibin1)
```

En la parte izquierda de la instrucción se da la referencia de las celdas de Excel donde se va a escribir el valor de la posterior; se escribirán en la hoja *Main* y se empezara a contar a partir de una celda llamada *base* (F35). Por ejemplo, si *ibin1* es 10 e *ibin2* es 4, el valor de la posterior se escribirá 10 renglones por debajo de base y cuatro columnas a la derecha de base, es decir en la celda J45.

El siguiente paso es imprimir los resultados de cada iteración en la hoja *Main* para hacer una gráfica de L_∞ contra K. Para lo cual se usará una subrutina llamada *PrintResults*, cuyo código será desarrollado más tarde:

```
Call PrintResults(irep, npars, theta(), likelihood)
```

La siguiente instrucción es una declaración *If* que sirve para actualizar la pantalla y presentar el número de iteraciones que se han llevado a cabo (*irep*) dependiendo del valor de *ScreenRefresh*. La instrucción *Application.ScreenUpdating = True* actualiza la pantalla, mientras que la instrucción *Application.ScreenUpdating = False* la apaga para aumentar la rapidez de la corrida del programa:

```
If irep Mod ScreenRefresh = 0 Then
    Sheets("Main").Range("repsofar") = irep
    Application.ScreenUpdating = True
    Application.ScreenUpdating = False
```

End If

Este es todo el código incluido en la subrutina *sir*. Aquí está el listado completo:

```vb
Sub sir(theta() As Double, npars As Integer, nreps As Long, Llow As Double, Lhigh As Double, Klow As Double, Khigh As Double)

    Dim ibin1 As Long, ibin2 As Long
    Dim irep As Long, xrandom As Double, ScreenRefresh As Long
    Dim likelihood As Double
    Dim posterior(20, 30) As Double
    Dim Llow As Double, Lhigh As Double, Klow As Double, Khigh As Double

   'Lee el número de iteraciones para que se actualice la pantalla

    ScreenRefresh = Sheets("Main").Range("screenrefresh")

     ' Inicio de loop principal
    For irep = 1 To nreps
        theta(1) = Llow + Rnd * (Lhigh – Llow)
        theta(2) = Klow + Rnd * (Khigh – Klow)

        ' Se evalúa la verosimilitud
        likelihood = func(theta())

        'Calculo de los intervalos de clase

        ibin1 = 1 + 30 * (theta(1) - Llow) / (Lhigh - Llow)
        ibin2 = 1 + 20 * (theta(2) - Klow) / (Khigh - Klow)
        If ibin1 < 1 Then ibin1 = 1
        If ibin1 > 30 Then ibin1 = 30
        If ibin2 < 1 Then ibin2 = 1
        If ibin2 > 20 Then ibin2 = 20

        'Actualización de la posterior
        posterior(ibin2, ibin1) = posterior(ibin2, ibin1) + likelihood

        ' Escribe la posterior en las celdas
        Sheets("Main").Range("base").Rows(ibin1 + 1).Columns(ibin2 + 1) = posterior(ibin2, ibin1)
```

' Escribe los resultados de cada iteración en la hoja Main
Call PrintResults(irep, npars, theta(), likelihood)

If irep Mod ScreenRefresh = 0 Then

    Sheets("Main").Range("repsofar") = irep
    Application.ScreenUpdating = True
    Application.ScreenUpdating = False

End If

Next ' Loop

End Sub ' End sir

8. Enseguida se desarrollará el código para la función *func* que tiene como objetivo recobrar los parámetros que se obtienen de las distribuciones a priori de los parámetros implementadas en Visual Basic en la subrutina *sir* y pegar estos valores en los lugares correspondientes a los parámetros L_∞ y K en la hoja *Main* donde se tiene implementado el modelo logístico y recupera el valor de la distribución a posteriori para su uso en la subrutina *sir*. Aquí está el código de la función *func*:

```
Function func(theta() As Double)

'*****USER  DEFINED*************************************
    'Asigna valores a los parámetros en la hoja de trabajo
    Sheets("Main").Range("Linf") = theta(1)
    Sheets("Main").Range("K") = theta(2)
'************************************************************************

    Calculate   'Actualiza la hoja de trabajo
    ' registra el valor del likelihood para la combinación de Linf y K
    func = Sheets("Main").Range("like")

End Function
```

9. Finalmente se tiene que desarrollar el código para la última subrutina (*PrintResults*). Esta subrutina tienes como objetivo escribir los resultados de cada iteración, incluyendo los dos parámetros y su correspondiente verosimilitud, a partir de una celda de referencia llamada *Results* (A35) para su uso en una gráfica de L_∞ vs K y análisis posteriores. La subrutina define el índice *ii* para usarlo en la impresión de los dos parámetros dentro de un *For*. La parte izquierda de la primera instrucción sirve para escribir el número de iteraciones que se realizó en la simulación (*irep*). Se cuentan *irep* renglones debajo de la celda Results y ahí imprime el número consecutivo *irep*. Después dentro de la declaración *For*, se usa la celda *Results* como referencia para llevar a cabo la impresión de resultados. El número de renglones por debajo de *Results* está dado por *irep* y los desplazamientos hacia la derecha están dados por el contador *ii*; si ii vale uno, entonces se desplaza un lugar hacia la derecha e imprime L_∞; si *ii* vale 2 se desplaza dos lugares hacia la derecha e imprime el valor de *K*. Después de salir del loop se imprime el valor de la verosimilitud desplazándose el número adecuado de renglones (*irep*) y de columnas (*2 + npars*).

```vba
Sub PrintResults(irep As Long, npars As Integer, theta() As Double, likelihood As Double)
    ' Esta subrutina sirve para imprimir los resultados de las iteraciones en las celdas
    ' por debajo de la celda llamada Results (A35)

    '*****USER  DEFINED*******************************************

    'define ii como un entero para usarlo como índice en la instrucción FOR
    Dim ii As Long

    Sheets("Main").Range("Results").Rows(irep + 1) = irep
    For ii = 1 To npars
    ' Escribe los valores de los parámetros tomando como referencia la celda
"Results" (A52)
    Sheets("Main").Range("Results").Rows(irep + 1).Columns(1 + ii) = theta(ii)
    Next
     ' Escribe el valor de la verosimilitud
```

Sheets("Main").Range("Results").Rows(irep + 1).Columns(2 + npars) = likelihood

End Sub   ' End PrintResults

El código de Visual Basic completo se puede ver en el Anexo 5. El código está listo para correrse. Una opción es copiar el listado del código del Anexo 5 en el módulo de Visual Basic directamente. La otra opción es teclearlo, lo cual ayudaría a una mejor comprensión de cómo funciona el código.

Si se elige la segunda opción, es muy probable que existan errores de tecleo y eso producirá errores a la hora de compilarlo. Así que se puede empezar un proceso de debugging. El primer paso es dar los valores de los parámetros adecuados. Se asignará al parámetro *nreps* un valor de 1000 pues se quiere que la ejecución sea rápida. El parámetro *ScreenRefresh* tendrá un valor de 100 para que se den 10 actualizaciones de pantalla. Inicialmente La forma más simple de hacer el debugging es usar el símbolo de ejecución del menú de VB (Figura 45). Al dar un click en el botón de ejecución, si hay un error, el cursor se situará en el lugar donde se cometió el error y proveerá un tip para solucionarlo. Generalmente, los errores están relacionados a nombres tanto en VB como en Excel. También se puede copiar el error y buscar en el Internet para encontrar su solución. Se recomienda corregir y repetir el procedimiento hasta que ya no exista error. Una vez que esto suceda habrá que revisar los resultados para ver si tienen sentido y la ejecución del código está trabajando bien.

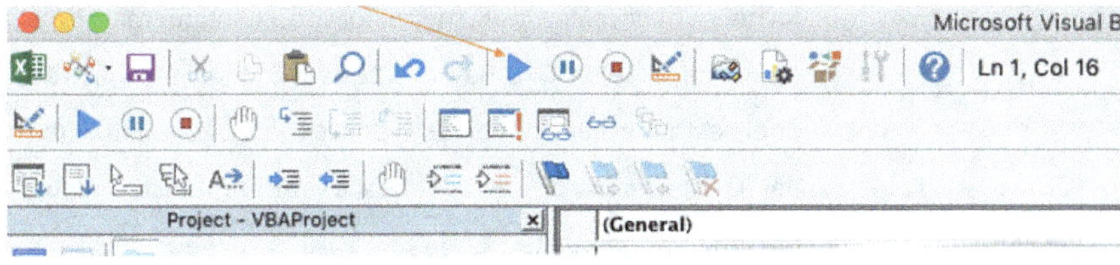

10. Una vez que el código no tenga errores habrá que mejorar un poco el archivo. Después de ejecutarse el programa se obtiene una salida de datos. Debajo de la celda Results, se encuentran cuatro columnas con los datos de los parámetros y la verosimilitud. Mas a la derecha se observan los datos de la verosimilitud asociada a los intervalos de clase de L_∞ (30 intervalos de clase) y K (20 intervalos de clase). El siguiente paso es la graficación de L_∞ vs K. Hay que seleccionar las celdas B36:C36, a continuación, oprimir las celdas *shift*, cmd y $\rightarrow$ para hacer la selección e ir al menú en *Insert* y seleccionar la opción para una gráfica de dispersión, enseguida hay que agregar las etiquetas de los ejes X y Y, el resultado se muestra a continuación (Figura 46). Cabe mencionar que dicha figura claramente muestra la naturaleza aleatoria del muestreo de las distribuciones uniformes. Ahora hay que procesar los valores asociados a los intervalos de clase de L_∞ y K. Debido a que los límites de la distribución a priori de L_∞ son 40 y 70, en las celdas AA36:AA65 hay que teclear del 40 al 70 en incrementos de uno. Ahora en las celdas G34:Z34 hay que teclear la secuencia de 1 a 20. En la celda G35 se tiene que teclear la siguiente instrucción: =Klow+((Khigh-Klow)/20)*(G34-1). Ahora hay que copiar esta fórmula hasta la celda Z35. Después de agregar el formato de las celdas, el resultado se puede observar enseguida (Figura 47). Esta matriz contiene valores de verosimilitud sin estandarizar, por lo que el siguiente paso es estandarizar. En la celda AB65 teclea la siguiente instrucción: =SUM(G36:Z65). Ahora copia las celdas G35:AA65 a las celdas G69:AA99, hay que tener cuidado para usar Pegado especial (Paste special) y seleccionar valores. También hay que formatear las celdas correspondientes a las etiquetas de los intervalos de clase. Ahora en la celda G70 hay que teclear la siguiente instrucción: =G36/$AB$65. Copia esta fórmula para el resto de las celdas. Esta última matriz tiene los valores de la verosimilitud estandarizada. Ahora calcularemos las distribuciones posteriores marginales. En la celda AB70 hay que teclear la siguiente formula:

=SUM(G70:Z70) y copiarla hasta la celda AB99. Estos valores representan la distribución marginal a posteriori de L_∞. Para hacer la gráfica de la posterior marginal hay que seleccionar las celdas AA70:A99 y seguir los pasos necesarios para hacer una gráfica. Ahora para la distribución marginal a posteriori de K la suma se hace con a siguiente formula en la celda G101: =SUM(G70:G99). El siguiente paso es copiar la formula hasta la celda Z101.

Ahora hay que calcular la distribución a posteriori acumulada de la longitud asintótica. En la celda AC70 teclea la siguiente instrucción: =AB70. En la siguiente celda (AC71) teclea lo siguiente: =AC70+AB71. Ahora copia esta última instrucción hasta la celda AC99. Repite el procedimiento para la distribución a posteriori acumulada de la tasa de crecimiento. Ahora haz la gráfica de la distribución acumulada de la longitud asintótica seleccionando las celdas AA70:AA99 y AC70:AC99.

11. Si se observan las gráficas de la distribución marginal posterior (Figura 48 y Figura 49), se notará que no tienen mucho sentido; de hecho, es muy probable que sean distintas a las que el lector obtuvo. Hay que recordar que solo se hicieron 1000 simulaciones pues el objetivo principal era hacer una depuración al código para hacerlo funcionar. Por lo que es necesario aumentar el número de iteraciones (*nreps*) y ejecutar el macro. Antes de volver a correr el macro es necesario borrar los resultados de la ejecución anterior. Esto lo haremos con un nuevo macro. Ve al editor de Visual Basic (alt + F11) y en el menú principal da un click a *Insert* y luego a *Module* para obtener un módulo donde teclearas el siguiente código para borrar los resultados de la ejecución previa:

```
Sub Borrar()
  Range("B36:D500035").Select
  Selection.Clear
  Range("G36:Z65").Select
  Selection.Clear
```

End Sub

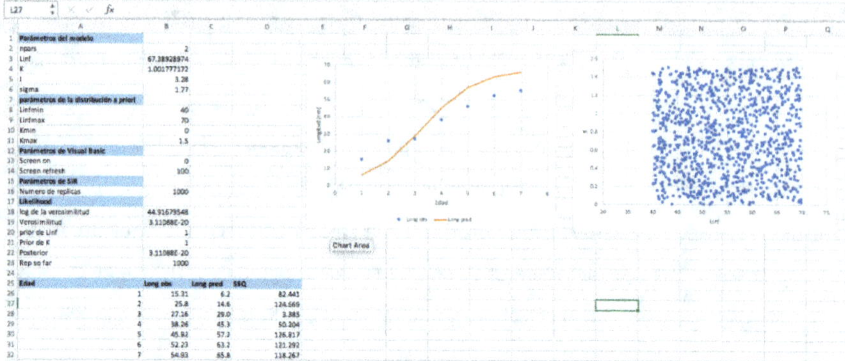

Figura 46. Resultado de grafica de L∞ *vs* K para el método SIR del modelo logístico de crecimiento de la rubia.

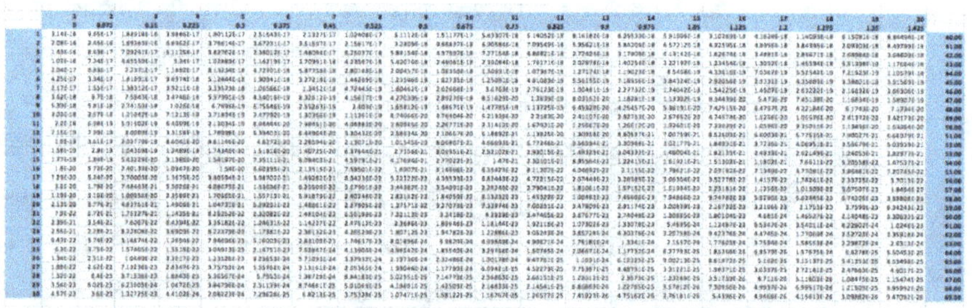

Figura 47. Resultados del método SIR para la verosimilitud del modelo logístico para el crecimiento de la rubia.

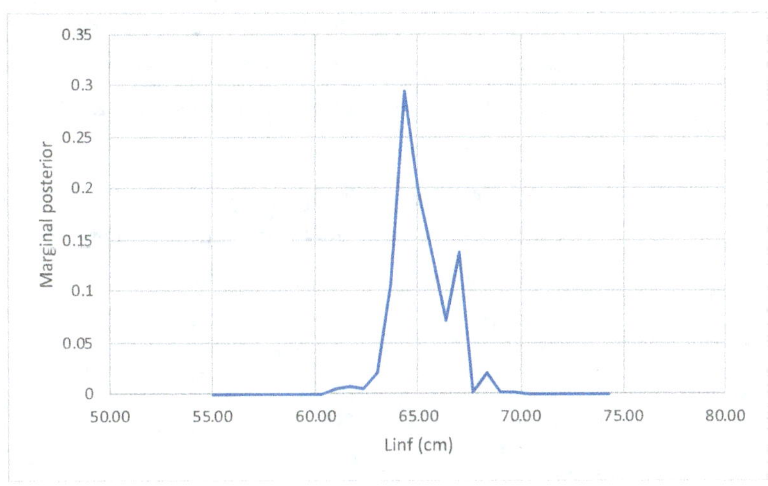

Figura 48. Distribución marginal a posteriori de la longitud asintótica con 1000 iteraciones.

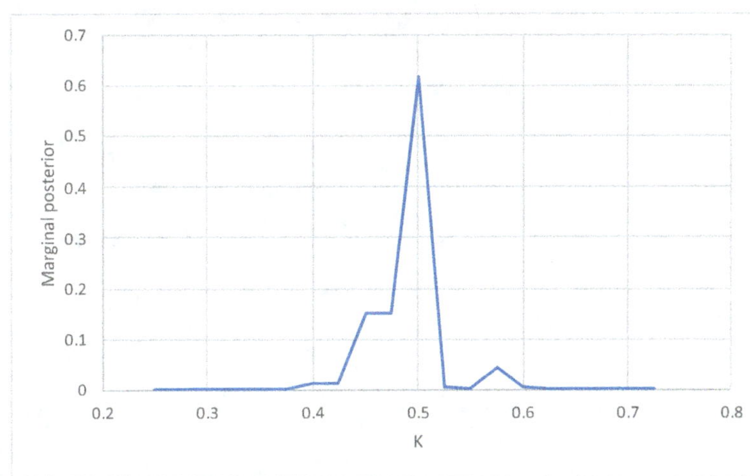

Figura 49. Distribución marginal a posteriori de la tasa de crecimiento K con 1000 iteraciones.

La primera línea *Range("B36:D500035").Select* selecciona las celdas B36:D500035 que equivale a una corrida de 500,000 iteraciones. Si se desea incrementar el número de iteraciones solo hay que adaptar esta parte del código al nuevo número de iteraciones. La siguiente línea *Selection.Clear* borra el rango seleccionado. Como se mencionó las celdas G36:Z65 contienen la información de la distribución posterior conjunta sin estandarizar. Esta información también es borrada por el macro.

La ejecución del macro durante la fase de depuración se hizo desde el editor de Visual Basic. Para ejecutar el macro desde Excel, ve al menú principal y selecciona *Tools -> Macro -> Macros*. Se obtendrá la siguiente ventana (Figura 50):

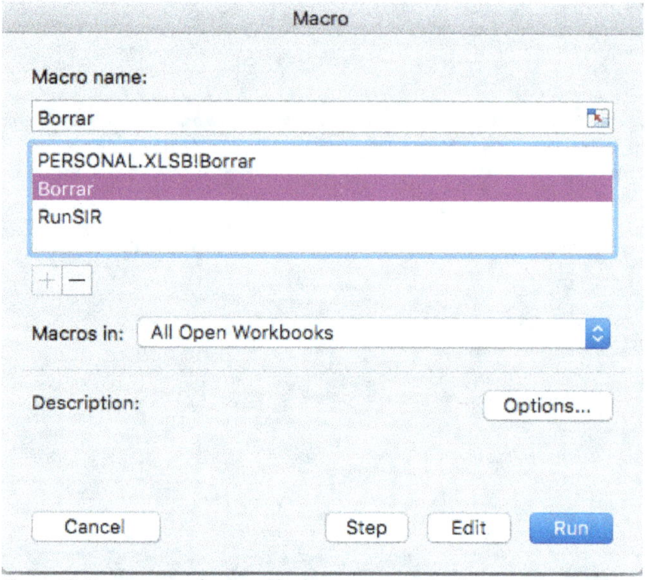

Figura 50. Ventana para la ejecución de un macro en Excel.

En dicha ventana selecciona el macro *Borrar* y da click en *Run* para ejecutarlo.

12. Otra forma más sencilla de ejecutar un macro es asignar un botón para correrlo. Ve al *Ribbon* y da click en la opción *Developer* (Figura 51) y da click en *Button*.

Figura 51. Selección de la opción para insertar un botón asignado a un macro en Excel.

Con el mouse da un click en la celda donde se quiere situar el botón y surgirá una ventana donde podrás asignar el macro al botón en una ventana (Figura 52), selecciona borrar y click en *OK*. Da un click en el botón y teclea el nombre del Macro: *Borrar*. Da un click fuera del botón para terminar la tarea. Repite el mismo procedimiento para el macro *sir*, el resultado final se observa enseguida (Figura 53).

13. Ahora se puede correr el macro con más iteraciones. En Excel, corre el macro *Borrar* dando un click en el botón. Ve a la celda *nreps* y cambia su valor a 500000. Corre el macro *RunSIR* con el botón. El macro se tardará un tiempo en ejecutarse, depende mucho de la cantidad de memoria RAM, tipo de disco duro y CPU. Cuando termine de ejecutarse se actualizarán las gráficas de los resultados (Figura 54 - Figura 57). Las dos primeras figuras muestran las distribuciones marginales posteriores de la longitud asintótica y la tasa de crecimiento. La moda de estas curvas se obtiene buscando el máximo de las celdas AB70:AB99, que en este caso corresponde a la longitud asintótica de 65 cm. Por su parte, la moda de la tasa de crecimiento es 0.475. Estos valores coinciden con los reportados por Jurado et al. (2018) para el modelo Logístico (caso b). Las distribuciones acumuladas se muestran enseguida (Figura 56 y Figura 57).

14. Se puede calcular el intervalo de 95% de probabilidad para cada parámetro. Se necesita usar dos colas; es decir, del lado izquierdo y derecho de la distribución se debe dejar 2.5% para que quede 95% de la distribución entre estos dos límites. Al observar los valores de la frecuencia acumulada de la longitud asintótica (Figura 58) no se encuentran los valores del 97.5% (0.975) y 2.5% (0.025). Para el caso del 97.5% solo existen los intervalos de clase con 0.96 y 0.98. Uno de los métodos para calcular el valor de la longitud asintótica asociado al 95% es la interpolación lineal con la recta:

$$l = mp + b. \tag{28},$$

donde l es la longitud asintótica, m es la pendiente, p es la probabilidad, y b es la ordenada al origen. La pendiente m se calcula con la siguiente formula y seleccionando los dos puntos que contengan la probabilidad de 0.975, por ejemplo, los puntos (67.0, 0.9629) y (67.67, 0.9886):

$$m = \frac{p_2 - p_1}{l_2 - l_1} = \frac{0.9886 - 0.9629}{67.67 - 67.0} = 0.0384 \tag{29}$$

La ordenada al origen b se calcula sustituyendo la pendiente y un punto en la ecuación (28) y su valor es $b = 66.9630$. Ahora se puede calcular el valor de la longitud asintótica correspondiente a 0.975 al sustituir en la ecuación los valores calculados, el resultado es $l = 67.0004$. Para la longitud asintótica con probabilidad 0.025, se puede observar que la longitud 61.67 tiene una probabilidad acumulada de 0.0154 y la longitud 62.33 tienen una probabilidad acumulada asociada de 0.0487. Estos dos puntos se usan para calcular la longitud asintótica correspondiente al 2.5%. El resultado es 61.6705, se invita al lector a comprobar dicho resultado. El intervalo de 95% de probabilidad es 95% PI = (61.6705, 67.0004). Repite los cálculos para calcular el intervalo de 95% de probabilidad para la tasa de crecimiento con los valores que se obtuvieron de la corrida. La distribución acumulada de los parámetros (Figura 58) se usa para calcular probabilidades, por ejemplo, ¿Cuál es la probabilidad de que la longitud asintótica se encuentre entre 63 y 67 cm? La respuesta es P(L_∞ entre 63 y 67) = P(67) − P(63) = 0.8397 que equivale a un 83.97% de probabilidad. Este tipo de cálculos cobran más relevancia cuando se usan en modelos dinámicos de población, donde se podría preguntar: ¿Cuál es la probabilidad de que la biomasa del próximo año se encuentre entre los valores…? o ¿Cuál es la probabilidad de que la captura dentro de cinco años sea menor a tal valor? Por lo pronto es importante entender cómo se hacen estos cálculos.

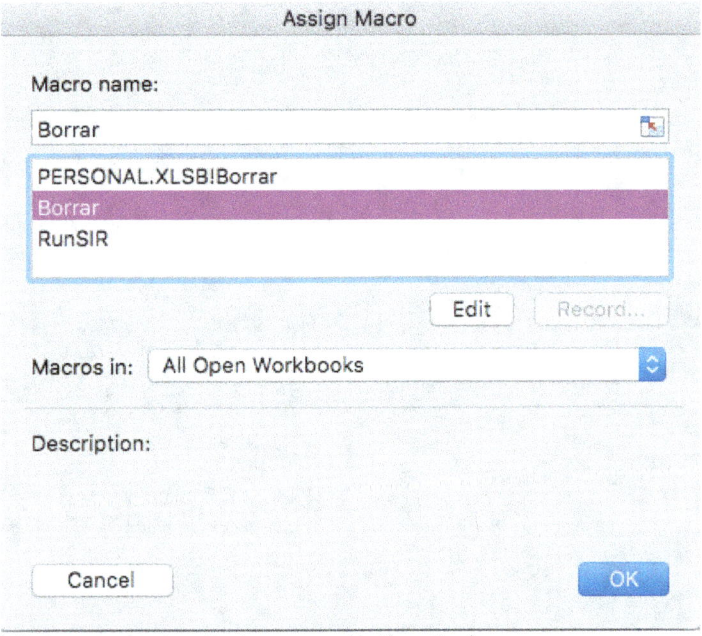

Figura 52. Ventana para la asignación de un macro al botón en Excel.

E21				fx	
	A	B	C	D	E
11	Kmax	0.75			
12	**Parámetros de Visual Basic**				
13	Screen on	0		Borrar	
14	Screen refresh	100			
15	**Parámetros de SIR**				
16	Numero de replicas	500000			
17	**Likelihood**			Run SIR	
18	log de la verosimilitud	33.3318538			
19	Verosimilitud	3.3432E-15			
20	prior de Linf	1			

Figura 53. Botones para correr los macros Borrar y Run Sir para el modelo de crecimiento logistico de la rubia.

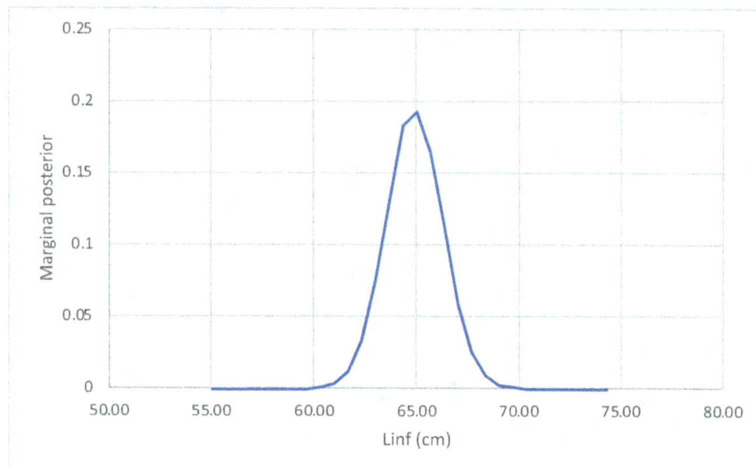

Figura 54. Distribución a posteriori de la longitud asintótica de la rubia con 500,000 iteraciones.

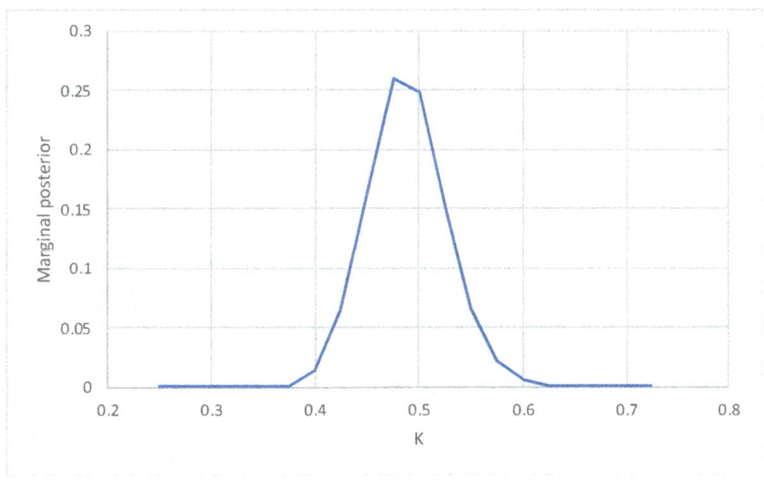

Figura 55. Distribución marginal a posteriori de la tasa de crecimiento K con 500,000 iteraciones.

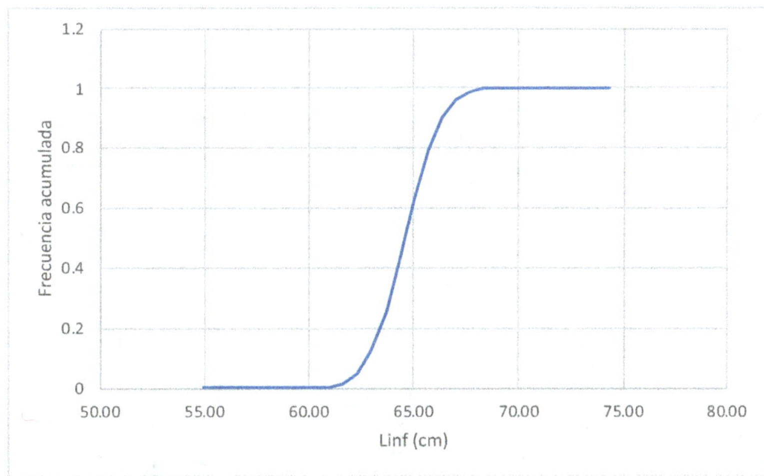

Figura 56. Frecuencia acumulada de la longitud asintótica de la rubia con 500,000 iteraciones.

137

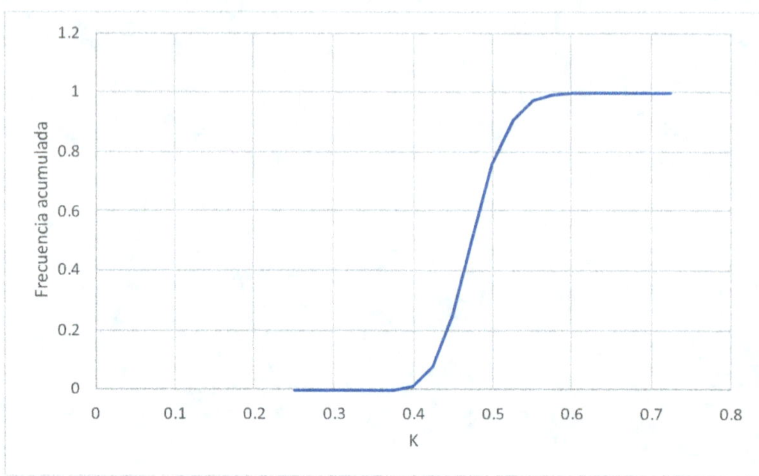

Figura 57. Frecuencia acumulada de la tasa de crecimiento de la rubia con 500,000 iteraciones.

	Std	Acumulada
55.00	2.0382E-13	2.03819E-13
55.67	9.1339E-12	9.33769E-12
56.33	2.8026E-10	2.89598E-10
57.00	5.9026E-09	6.19221E-09
57.67	1.0527E-07	1.1146E-07
58.33	1.3639E-06	1.47536F-06
59.00	1.4187E-05	1.56622E-05
59.67	0.00011419	0.000129854
60.33	0.00064971	0.000779568
61.00	0.00310506	0.003884625
61.67	0.01155662	0.015441249
62.33	0.03323971	0.048680956
63.00	0.07448087	0.123161827
63.67	0.12915327	0.252315093
64.33	0.18309472	0.435409812
65.00	0.19252771	0.627937526
65.67	0.16366366	0.791601182
66.33	0.11233201	0.903933193
67.00	0.05901698	0.962950173
67.67	0.02566485	0.988615028
68.33	0.00851357	0.997128596
69.00	0.00227974	0.999408334
69.67	0.00049663	0.999904968
70.33	8.2417E-05	0.999987385
71.00	1.1263E-05	0.999998648
71.67	1.2463E-06	0.999999894
72.33	9.8629E-08	0.999999993
73.00	7.0207E-09	1
73.67	3.9227E-10	1

Figura 58. Valores de la frecuencia estandarizada y acumulada para la longitud asintótica de la rubia.

Laboratorio 8. Métodos para estimar la distribución a posteriori: SIR (R)

1. Ahora se implementará el método SIR en R. El primer paso es introducir los datos de longitud por edad y la edad de la rubia:

```
lon<-c(15.31,25.80,27.16,38.26,45.92,52.23,54.93)
edad<-1:7
```

Ahora se procede a graficar los datos observados, agregando las etiquetas de los ejes (*xlab*, *ylab*), el tipo de carácter (*pch=19*), color azul (*col=4*) y un límite para los valores de la longitud por edad (*ylim*):

```
plot(edad, lon, pch=19,col=4,bty="n", ylab = "Longitud (cm)", xlab = "Edad (años)", ylim = c(0,70))
```

El número de datos se calcula con la longitud del vector *lon*:

```
n <- length(lon)
```

2. El siguiente paso es Iniciar los vectores para el vector de parámetros y la distribución posterior de Linf y K:

```
posteriorL <- rep(0,30)
posteriorK <- rep(0,50)
theta<-c(1,1)
```

El modelo logístico tiene cuatro parámetros, de los cuales I y sigma serán parámetros fijos, cuyos valores se tomaron de Jurado et al. (2018).

```
I <- 3.28
sigma <- 1.77
```

3. Ahora se definen los parámetros para correr el método SIR, y se incluye el número de parámetros (*npars*), el número de iteraciones (*nreps*), los límites de las distribuciones a priori de la longitud asintótica (*Linflow* y *Linfhigh*) y la tasa de crecimiento (*Klow* y *Khigh*):

```
npars<-2
nreps <- 2000000
Linflow <-40
Linfhigh <-70
Klow <- 0
Khigh <- 1.5
```

Cabe mencionar que se hacen 2 millones de iteraciones. El tiempo de ejecución en R es mucho menor que en Excel.

4. En seguida se va a definir la función para la modelación del crecimiento logístico que requiere como argumento el vector de parámetros *tetha*:

```
growth<-function(theta){

 Linf <- theta[1]
 k <- theta[2]

# inicialización de los vectores de las desviaciones y valores estimados
 dev <- rep(1,length(edad))
 est <- rep(1,length(edad))

# loop para el calculo de las tallas por edad
 for (i in 1:length(edad)){

  est[i] <- Linf/(1+exp(-k*(i-l)))

 } # end for

 dev<-(lon-est)^2
 ssq<-sum(dev)/(2*sigma^2)+(n*log(2*pi*sigma^2))/2
 return(exp(-ssq))
} # end function
```

Las dos primeras líneas asignan a los valores de theta a *Linf* y *k*. A continuación, se inicializa el vector de desviaciones (*dev*) y de valores estimados de la longitud por edad (*est*). Enseguida, se usa un loop para el cálculo de las longitudes por edad estimadas, luego se calcula las desviaciones (*dev*) y el logaritmo negativo de la verosimilitud (*ssq*) que es exportado al programa principal.

5. A continuación, empieza el loop principal, que realiza *nreps* iteraciones. Las primeras dos líneas son para tomar valores aleatorios de distribuciones a priori para los parámetros; se usa la función *runif()* para generar valores aleatorios entre cero y uno de la distribución uniforme. La siguiente línea de código llama a la función *growth* y asigna el resultado a la variable *like*.

Después se procede al cálculo de los intervalos de clase, *ibin1* para la longitud asintótica e *ibin2* para la tasa de crecimiento. Se definen 30 intervalos de clase para la longitud asintótica y 50 para la tasa de crecimiento. Con la declaración condicional *if* se asegura que los intervalos de clase se mantengan entre uno y 30. Una vez que se ha calculado el intervalo de clase se agregan los valores de la posterior correspondientes.

```
for (j in 1:nreps){

theta[1] <- Linflow+runif(1)*(Linfhigh-Linflow)
theta[2] <- Klow+runif(1)*(Khigh-Klow)
like<-growth(theta)


# Calculo de intervalos de clase
ibin1 <- 1 + 30 * ((theta[1] - Linflow) / (Linfhigh - Linflow))
ibin2 <- 1 + 50 * ((theta[2] - Klow) / (Khigh - Klow))

if (ibin1 < 1)  {ibin1 <- 1}
if (ibin1 > 30) {ibin1 <- 30}
if (ibin2 < 1)  {ibin2 <- 1}
if (ibin2 > 50) {ibin2 <- 50}

# $$$$$$$$$$  Calculo de posterior  $$$$$$$$
posteriorL[ibin1] <- posteriorL[ibin1]+like
posteriorK[ibin2] <- posteriorK[ibin2]+like


} #end For
```

6. Al terminar el loop, se enciende una alarma (*beep*) para indicar que el loop termino de ejecutarse y poder seguir ejecutando el script. Las siguientes cuatro líneas de código son para estandarizar la distribución a posteriori de los parámetros.

```
beep()
totL<- sum(posteriorL)
totK<-sum(posteriorK)
stdpostK<-posteriorK/totK
stdpostL<-posteriorL/totL
```

El siguiente paso es el cálculo de los intervalos de clase que van a ser usados en las etiquetas de las gráficas.

```
x<-1:30
x<-Linflow+((Linfhigh-Linflow)/30)*(x-1)
y<-1:50
y<-Klow+(y-1)*((Khigh-Klow)/50)
```

A continuación, se lleva a cabo la graficación de las distribuciones marginales estandarizadas posteriores de los parámetros y el cálculo de la moda que es el valor más probable del parámetro.

```
plot(x, stdpostL, type = "l", bty="n", lwd=2,ylab = "Std posterior distribution",
xlab="Longitud asintotica")
plot(y, stdpostK, type = "l", bty="n", lwd=2, ylab = "Std posterior distribution", xlab =
"K")

(modeK<-match(max(posteriorK),posteriorK)*.03)
(modeL<-match(max(posteriorL),posteriorL)*5)
```

7. Ahora hay que construir las distribuciones acumuladas. El primer paso es inicializar el vector de la distribución acumulada para la longitud asintótica (*cumLinf*) y la tasa de crecimiento (*cumK*).

```
cumLinf<-rep(0,30)
```

Para empezar, se tiene que igualar el primer valor de la distribución marginal a posterior al primer valor de la acumulada:

```
cumLinf[1]<-stdpostL[1]
```

Enseguida se calculará la distribución acumulada con un loop:

```
for (j in 1:29){
  cumLinf[j+1]=cumLinf[j]+stdpostL[j+1]
}
```

Los valores de la distribución acumulada se pueden acceder con:

```
cumLinf
```

La graficación se lleva a cabo con las opciones para el color (*col*), las etiquetas de los ejes (*xlab* y *ylab*), el ancho de línea (*lwd*), el tipo de grafica (*type*), y el tipo de área de graficación (*bty*):

```
plot(x, cumLinf, type = "l", lwd=2.5,col="purple", bty="n", xlab = "Longitud asintotica",
ylab = "Frecuencia acumulada")
```

El cálculo y graficación de la distribución acumulada del parámetro de la tasa de crecimiento K se realiza con los mismos pasos.

```
cumK<-rep(0,50)
cumK
cumK[1]<-stdpostK[1]
for (j in 1:49){
  cumK[j+1]=cumK[j]+stdpostK[j+1]
}
cumK
plot(y, cumK, type = "l", lwd=2,col="purple", bty="n", xlab = "Tasa de crecimiento", ylab
= "Frecuencia acumulada")
```

Las gráficas de la densidad posterior marginal se muestran enseguida (El cálculo del intervalo del 95% de probabilidad y la probabilidad de que los parámetros se encuentren en cierto intervalo se lleva a cabo con la metodología descrita en el laboratorio anterior. Las distribuciones marginales posteriores (Figura 59 y Figura 60) y las distribuciones acumuladas (Figura 61 y Figura 62) de los dos parámetros se muestran enseguida. No hay restricción para poder calcular las distribuciones de los cuatro parámetros del modelo logístico y el método SIR (L_∞, K, I, σ); solo hay que modificar el código adecuadamente. El código de R completo para este laboratorio se encuentra en el Anexo 6.

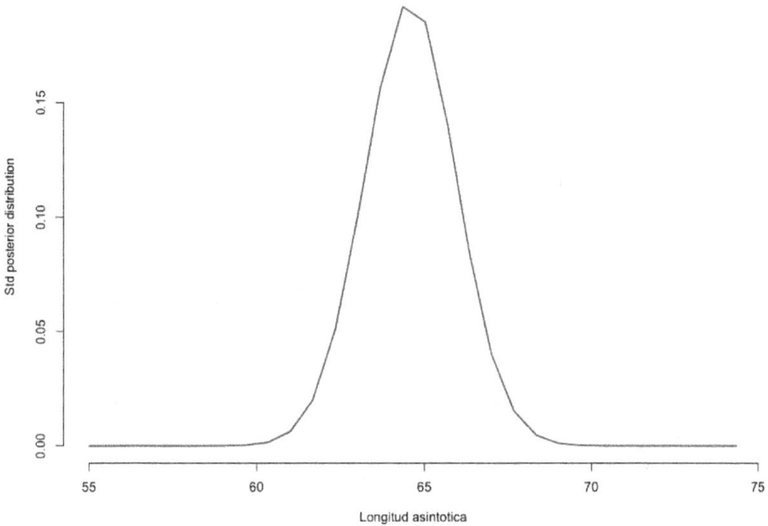

Figura 59. Distribución a posteriori de la longitud asintótica de la rubia con 2,000,000 de iteraciones.

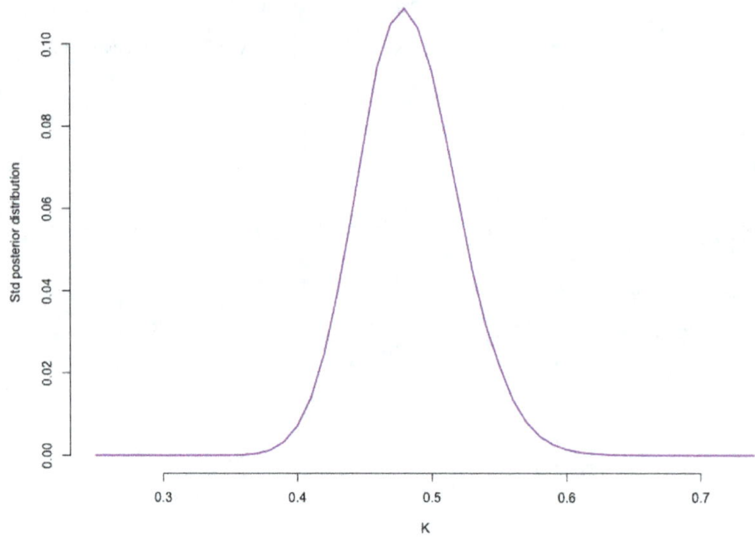

Figura 60. Distribución a posteriori de la tasa de crecimiento de la rubia con 2,000,000 de iteraciones.

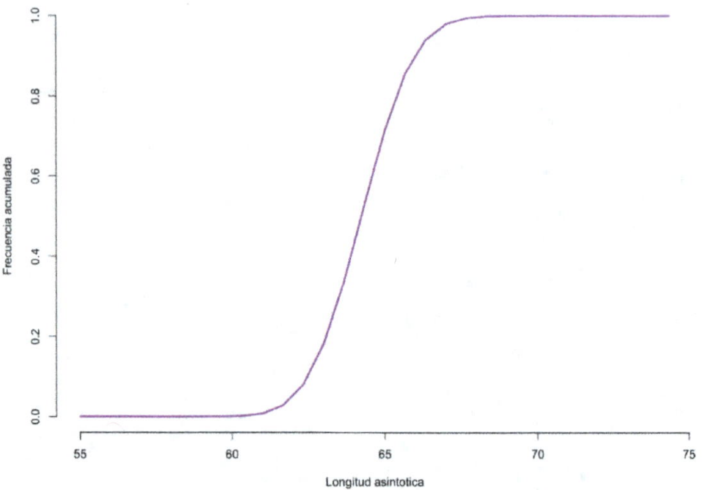

Figura 61. Frecuencia acumulada de la longitud asintótica de la rubia con 2,000,000 iteraciones.

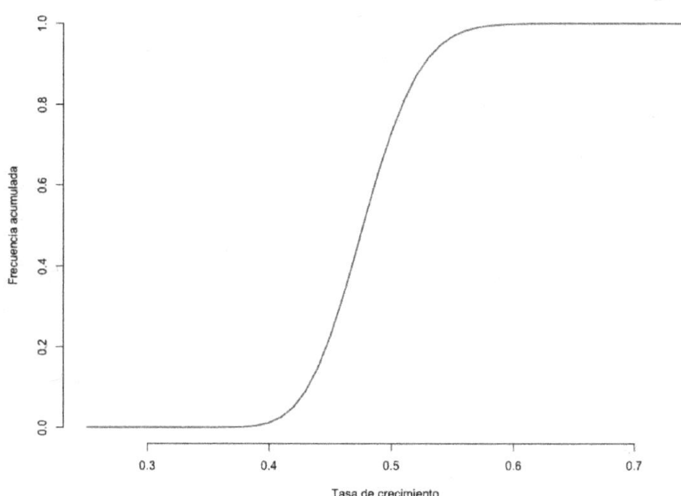

Figura 62. Frecuencia acumulada de la tasa de crecimiento de la rubia con 2,000,000 de iteraciones.

Anexo 1. Resultados del ajuste de los modelos con mínimos cuadrados.

Los resultados de los ajustes de los tres modelos se muestran a continuación (Tabla 5 y Figura 63):

Tabla 5. Estimaciones de los parámetros de los modelos de von Bertalanffy, Logístico y Gompertz.

Parámetro	Von Bertalanffy	Logístico	Gompertz
L_γ	61.23	58.93	58.82
K	0.29	0.55	0.48
I/t_0	-0.06	2.30	0.0
Mínimos cuadrados	28.80	79.05	58.29

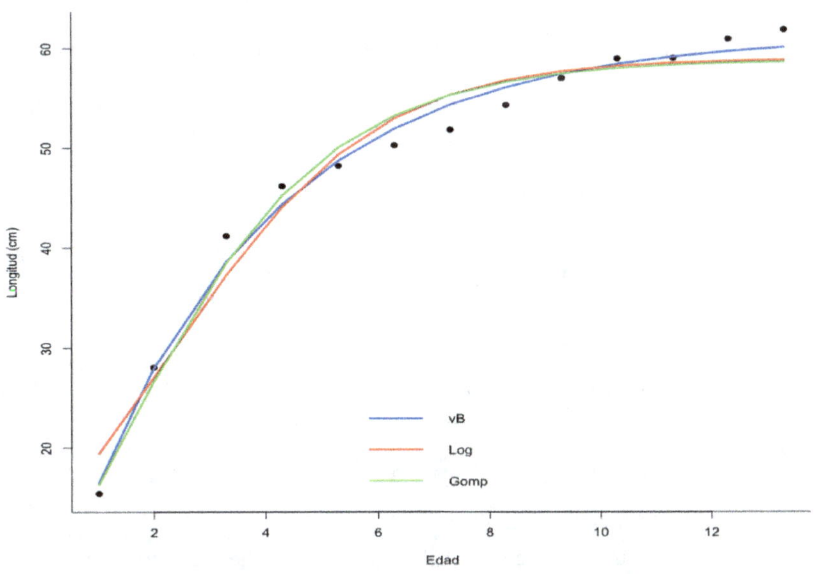

Figura 63. Ajuste de los modelos a los datos observados; vB - von Bertalanffy, Log – logístico, Gomp – Gompertz.

Anexo 2. Código de R (laboratorio 2)

```r
merluza <- read.csv("merluza.csv", header=T)   # lee los datos y los coloca en merluza

head(merluza)   # Muestra los primeros seis renglones de los datos

dim(merluza)   # Muestra la dimensión del arreglo

summary(merluza)   # Muestra la estadística básica de las variables

par(mfrow=c(1,1), mar=c(4,4,0,0), omi=c(0.1,0.1,0.1,0.1))   # Crea marco de graficación

plot(merluza$Edad, merluza$Longitud, xlab = "Edad", ylab = "Longitud",
    bty="l", ylim = c(0,80), xlim = c(0,15), pch=19,col=4,cex.lab=1.2,cex=1.3)   # Gráfica

Linf <- 65   # Define el valor de la longitud asintótica

K <- 0.5   # Define el valor de la tasa de crecimiento

I <- 1.5   # Define el valor de la edad correspondiente al punto de inflexión de la curva

L <- rep("Na",13)   # Inicia el vector de longitud de la simulación

for (i in 1:13){
  L[i] <- Linf/(1+exp(-K*(i-I)))
}    # Calcula los valores de la longitud por edad simulada

x <- 1:13   # Define los valores de las clases de edad

par(mfrow=c(1,1), mar=c(4,4,0,0), omi=c(0.1,0.1,0.1,0.1))

plot(merluza$Edad, merluza$Longitud, xlab = "Edad", ylab = "Longitud",
    bty ="l", ylim = c(0,80), xlim = c(0,15), pch=19,col=4,cex.lab=1.2,cex=1.3)

lines(x, L, col=2,lwd=2)   # Agrega los valores de longitud por edad simulados

resultados<-nls(merluza$Longitud~Linf/(1+exp(-K*(merluza$Edad-I))),
merluza, start=c(Linf=65, K=.5, I=1.5))   # Se lleva a cabo la estimación de los parámetros

summary(resultados)   # Muestra los resultados de la estimación

coef(resultados)   # Muestra los valores estimados de los parámetros
```

```r
confint(resultados)   # Muestra los intervalos de confianza de los parámetros

fitted(resultados)   # Muestra los valores de longitud por edad ajustados

par(mfrow=c(1,1), mar=c(4,4,0,0), omi=c(0.1,0.1,0.1,0.1))

plot(merluza$Edad, merluza$Longitud, xlab = "Edad", ylab = "Longitud",
    bty="l", ylim = c(0,80),xlim = c(0,15),pch=19,col=4,cex.lab=1.2,cex=1.3)

lines(fitted(resultados)~merluza$Edad, col=2,lwd=2)   # Agrega los valores ajustados

lines(fitted(resultados)+1.96*2.812~merluza$Edad, lty=2, lwd=2)   # Intervalos de

lines(fitted(resultados)-1.96*2.812~merluza$Edad, lty=2, lwd=2)   # confianza
```

Anexo 3. Resultados del ajuste de los modelos con máxima verosimilitud (laboratorio 3).

Tabla 6. Estimaciones de los parámetros de los modelos de von Bertalanffy, Logístico y Gompertz; LL – logaritmo negativo de la verosimilitud.

Parámetro	Von Bertalanffy	Logístico	Gompertz
L_χ	61.23	58.93	58.82
K	0.30	0.55	0.48
I/t_0	-0.06	2.30	0.0
s^2	1.11	3.04	2.24
LL	26.28	39.40	35.44

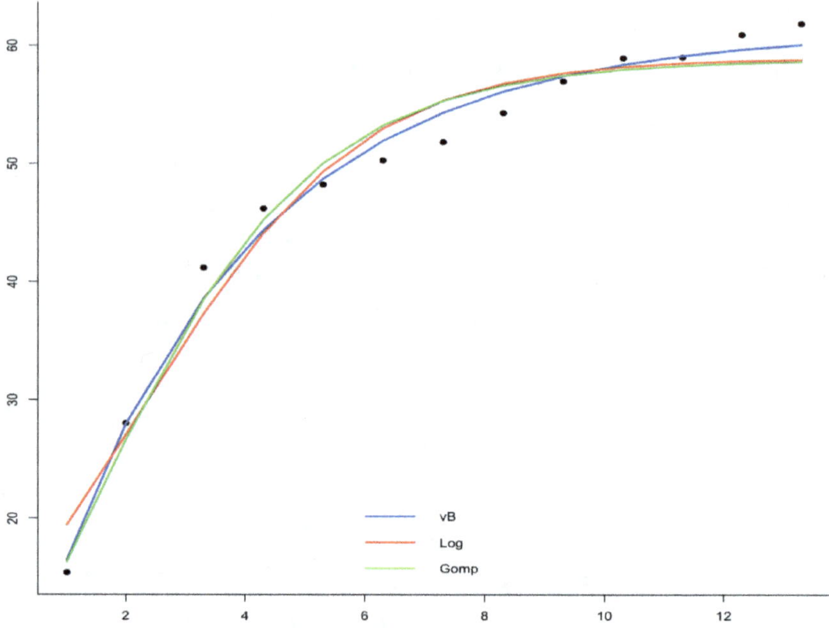

Figura 64. Ajuste de los modelos a los datos observados con métodos de máxima verosimilitud; vB - von Bertalanffy, Log – logístico, Gomp – Gompertz.

¿Observaste alguna diferencia entre los resultados del laboratorio 2 y el 3? Los resultados con máxima verosimilitud y mínimos cuadrados son los mismos cuando se usa la distribución normal.

Anexo 4. Código de R (laboratorio 4)

```r
merluza <- read.csv("merluza.csv", header=T)  # Lee los datos y los coloca en merluza

edad<-merluza$Edad

lon<-merluza$Longitud

theta <-rep(1,4)  # inicializa el vector de parámetros

# Valores iniciales de los parámetros
theta[1] <- 65
theta[2] <- 0.5
theta[3] <- 1.5
theta[4] <- .03

# Función objetivo: logaritmo negativo de la verosimilitud

SSQ <- function(theta, x) { #inicio de la función
 Linf <- theta[1]
 K <- theta[2]
 t0 <- theta[3]
 sigma <- theta[4]

 # Inicia el vector de desviaciones

 dev<-rep(0,length(edad))

 # Inicia el vector de valores predichos o estimados

 lpred<-rep(0,length(edad))

 # Calcula los valores estimados y
 # desviaciones entre valores observados y estimados

 for (i in 1:length(edad)) {
  lpred[i]<-Linf/(1+exp(-K*(edad[i]-t0)))
  dev[i]<- (lon[i]-lpred[i])^2.
 } # End for

 # Calcula el logaritmo negativo de la verosimilitud
 ssq<- sum(dev)/(2*sigma)+(length(edad)/2)*log(2*pi)+length(edad)*log(sigma)
 return(ssq)
```

```r
} #  Fin de la función

#  Primer intento de optimización
result<-optim(theta, fn=SSQ,
method="BFGS",x=edad,hessian=T,control=list(maxit=2000,REPORT=T))

result

#  Segundo intento de optimización

result<-optim(theta, fn=SSQ, method="Nelder-Mead", x=edad, hessian=T,

control=list(maxit=2000,REPORT=T))

result

result.v<-salve(result$hessian) # calcula la inversa de la matriz Hessian
result.v
result.se<-sqrt(diag(result.v)) # calcula la raíz de los elementos de la diagonal de la
                                # inversa de la matriz Hessian
result$par
result.se

#  Tercer intento

result<-optim(theta, fn=SSQ, method="L-BFGS-B", lower=c(50,0.1,.5,.01),

upper=c(70,2,4,10),x=edad,hessian=T,control=list(maxit=2000,REPORT=T))

result.v<-solve(result$hessian)
result.v
result.se<-sqrt(diag(result.v))
result$par
result.se

#  Graficación

Lest<-rep("Na",13)

x<-1:13

Lest<-result$par[1]/(1+exp(-result$par[2]*(x- result$par[3])))

plot(merluza$Edad, merluza$Longitud, xlab = "Edad", ylab = "Longitud (cm)",
    bty="n", ylim = c(0,80), xlim = c(0,15),pch=19,col=4,cex.lab=1.2,cex=1.3)

lines(merluza$Edad, Lest, col=2, lwd=2)
```

```r
legend(6,15,legend = c("Lest", "Lobs"), col=c("red", "blue"), pch=c(NA,19), lty=c(1,NA),
bty="n", cex=.7)

# Graficación de residuals
res <- merluza$Longitud-Lest

plot(merluza$Edad, res, pch=19,col=4,bty="n")

# Prueba de normalidad
shapiro.test(res)
```

Anexo 5. Código de Visual Basic (laboratorio 7)

```vb
Option Explicit

' Para usar este programa con otras hojas de trabajo se necesita:
' a) Construir el modelo logístico en una hoja de trabajo llamada "Main"
' b) Incluir estas celdas en "Main":
'     "npars"      : número de parámetros sobre los cuales la posterior se evaluará
'     "nreps"      : número total de evaluaciones (iteraciones) en el SIR
'     "like"       : la verosimilitud evaluada para los valores actuales de los parámetros
'     "Posterior   : producto de la verosimilitud por las priors
' c) Asegurarse de revisar y cambiar cuando sea necesario las secciones
'    llamadas "USER-DEFINED"

Sub RunSIR()

    Dim theta(10) As Double, npars As Integer, nreps As Long
    Dim Linf As Double, K As Double
    Dim Linflow As Double, Linfhigh As Double, Klow As Double, Khigh As Double

    '*** USER-DEFINED ***************************************************
    If Sheets("Main").Range("screenon") = 0 Then Application.ScreenUpdating = False

    ' Esta es una instrucción para depurar SIR, cuando screenon vale 1 el
    ' programa corre despacio. Para eliminar esta opción, cambiar por la instrucción:
    ' Application.ScreenUpdating = False
    ' Si se mantiene la instrucción original, se requiere una celda llamada "screenon" en
"Main".


    '*****************************************************************************

    ' Esta subrutina lee los valores de todos los parámetros
    Call readpars(theta(), npars, nreps, Linflow, Linfhigh, Klow, Khigh)

    ' Esta subrutina hace los cálculos para las distribuciones a posteriori
    Call sir(theta(), npars, nreps, Linflow, Linfhigh, Klow, Khigh)


    ' Las siguientes instrucciones regresan EXCEL a su estado original
    Application.ScreenUpdating = True
    Application.Calculation = xlAutomatic


End Sub  ' End SIR
```

```vba
Sub readpars(theta() As Double, npars As Integer, nreps As Long, Llow As Double, _
Lhigh As Double, Klow As Double, Khigh As Double)

' Lee el número de parámetros
  npars = Sheets("Main").Range("npars")

'*** USER-DEFINED ***********************************************

  ' Toma los parámetros iniciales de la hoja de trabajo
  theta(1) = Sheets("Main").Range("Linf")
  theta(2) = Sheets("Main").Range("K")


' *****************************************************************


' Lee los parámetros necesarios para correr SIR

  nreps = Sheets("Main").Range("nreps")
  Llow = Sheets("Main").Range("Llow")
  Lhigh = Sheets("Main").Range("Lhigh")
  Klow = Sheets("Main").Range("Klow")
  Khigh = Sheets("Main").Range("Khigh")

End Sub  ' End readpars

Sub sir(theta() As Double, npars As Integer, nreps As Long, Llow As Double, Lhigh As _
Double, Klow As Double, Khigh As Double)


  Dim ibin1 As Long, ibin2 As Long
  Dim irep As Long, xrandom As Double, ScreenRefresh As Long
  Dim likelihood As Double
  Dim posterior(20, 30) As Double

  ' Lee el número de iteraciones para que se actualice la pantalla

  ScreenRefresh = Sheets("Main").Range("screenrefresh")

  ' Inicio de loop principal
  For irep = 1 To nreps
    theta(1) = Llow + Rnd() * (Lhigh - Llow)
    theta(2) = Klow + Rnd() * (Khigh - Klow)

    ' Se evalúa la verosimilitud
    likelihood = func(theta())

    ' Calculo de los intervalos de clase
```

```vba
        ibin1 = 1 + 30 * (theta(1) - Llow) / (Lhigh - Llow)
        ibin2 = 1 + 20 * (theta(2) - Klow) / (Khigh - Klow)
        If ibin1 < 1 Then ibin1 = 1
        If ibin1 > 30 Then ibin1 = 30
        If ibin2 < 1 Then ibin2 = 1
        If ibin2 > 20 Then ibin2 = 20

        ' Actualización de la posterior
        posterior(ibin2, ibin1) = posterior(ibin2, ibin1) + likelihood

        ' Escribe la posterior en las celdas
        Sheets("Main").Range("base").Rows(ibin1 + 1).Columns(ibin2 + 1) =
posterior(ibin2, ibin1)


        ' Escribe los resultados de cada iteración en la hoja Main
        Call PrintResults(irep, npars, theta(), likelihood)

        If irep Mod ScreenRefresh = 0 Then

          Sheets("Main").Range("repsofar") = irep
          Application.ScreenUpdating = True
          Application.ScreenUpdating = False

        End If


  Next ' Loop


End Sub ' End sir

Function func(theta() As Double)

'*****USER  DEFINED************************************
    ' Asigna valores a los parámetros en la hoja de trabajo
    Sheets("Main").Range("Linf") = theta(1)
    Sheets("Main").Range("K") = theta(2)
'****************************************************************

    Calculate   ' Actualiza la hoja de trabajo
    ' Registra el valor del likelihood para la combinación de Linf y K
    func = Sheets("Main").Range("like")

End Function
```

```vba
Sub PrintResults(irep As Long, npars As Integer, theta() As Double, likelihood As
Double)

' Esta subrutina sirve para imprimir los resultados de las iteraciones en las celdas
' por debajo de la celda llamada Results (A35)

    '*****USER  DEFINED*******************************************

    ' Define ii como un entero para usarlo como índice en la instrucción FOR
    Dim ii As Long

    Sheets("Main").Range("Results").Rows(irep + 1) = irep
    For ii = 1 To npars
    ' Escribe los valores de los parámetros tomando como referencia la celda
"Results" (A52)

    Sheets("Main").Range("Results").Rows(irep + 1).Columns(1 + ii) = theta(ii)
    Next

    ' Escribe el valor de la verosimilitud
    Sheets("Main").Range("Results").Rows(irep + 1).Columns(2 + npars) =
likelihood


End Sub  ' End PrintResults
```

Anexo 6. Código de R (laboratorio 8)

```r
# Código para el método SIR para el crecimiento Logístico
# Lectura de datos
library(beepr)
lon<-c(15.31,25.80,27.16,38.26,45.92,52.23,54.93)
edad<-1:7
plot(edad, lon, pch=19,col=4,bty="n", ylab = "Longitud (cm)",xlab = "Edad (años)",ylim =
c(0,70))
n <- length(lon)
posteriorL <- rep(0,30)
posteriorK <- rep(0,50)

# Lectura de parámetros
# l y sigma serán parámetros fijos
l <- 3.28
sigma <- 1.77
npars<-2
theta<-c(1,1)

nreps <- 2000000
Linflow <-55
Linfhigh <-75
Klow <- 0.25
Khigh <- 0.75

# Función para modelación de crecimiento
growth<-function(theta){
 Linf <- theta[1]
 k <- theta[2]
 dev <- rep(1,length(edad))
 est <- rep(1,length(edad))
 for (i in 1:length(edad)){

  est[i] <- Linf/(1+exp(-k*(i-l)))
 } # End for
 dev<-(lon-est)^2
 ssq<-sum(dev)/(2*sigma^2)+(n*log(2*pi*sigma^2))/2
 return(exp(-ssq))
} # End function
```

```r
#$$$$$$$$$$$$$$ loop principal  $$$$$$$$

#  Test
theta[1]<-65.15848994
theta[2] <-0.335241258

like< growth(theta)
like

for (j in 1:nreps){

  theta[1] <- Linflow+runif(1)*(Linfhigh-Linflow)
  theta[2] <- Klow+runif(1)*(Khigh-Klow)
  like<-growth(theta)
  #print(salida)

  # $$$$$$$$$$ Calculo de intervalos  $$$$$$$$$
  ibin1 <- 1 + 30 * ((theta[1] - Linflow) / (Linfhigh - Linflow))
  ibin2 <- 1 + 50 * ((theta[2] - Klow) / (Khigh - Klow))

  if (ibin1 < 1)  {ibin1 <- 1}
  if (ibin1 > 30) {ibin1 <- 30}
  if (ibin2 < 1)  {ibin2 <- 1}
  if (ibin2 > 50) {ibin2 <- 50}

  # $$$$$$$$$$$ Calculo de posterior  $$$$$$$$$
  posteriorL[ibin1] <- posteriorL[ibin1]+like
  posteriorK[ibin2] <- posteriorK[ibin2]+like


} # End For
beep()
totL<- sum(posteriorL)
totK<-sum(posteriorK)
x<-1:30
x<-Linflow+((Linfhigh-Linflow)/30)*(x-1)
y<-1:50
y<-Klow+(y-1)*((Khigh-Klow)/50)
stdpostK<-posteriorK/totK
stdpostL<-posteriorL/totL
```

```r
# $$$$$$$$$$$$$$$$$$$$$$ Graficación de la posterior marginal    $$$$$$$$$$$$$

plot(x, stdpostL, type = "l", bty="n", lwd=2,ylab = "Std posterior distribution",
xlab="Longitud asintotica")
plot(y, stdpostK, type = "l", bty="n", lwd=2, ylab = "Std posterior distribution", xlab =
"K")

# $$$$$$$$$$$$$$$$  Calculo de la moda    $$$$$$$$$$$$$$$$$$$$$$$$$
(modeK<-match(max(stdpostK),stdpostK)*((Khigh-Klow)/50)+Klow)
(match(max(stdpostL),stdpostL)*((Linfhigh-Linflow)/30)+Linflow)

# $$$$$$$$$$$$ Calculo de la distribución acumulada de Linf  $$$$$$$$$$$$$$$
cumLinf<-rep(0,30)
cumLinf
cumLinf[1]<-stdpostL[1]
for (j in 1:29){
  cumLinf[j+1]=cumLinf[j]+stdpostL[j+1]
}
cumLinf
plot(x, cumLinf, type = "l", lwd=2.5,col="purple", bty="n", xlab = "Longitud asintótica",
ylab = "Frecuencia acumulada")


# $$$$$$$$$$ Calculo de la distribución acumulada de K $$$$$$$$$$$$$$
cumK<-rep(0,50)
cumK
cumK[1]<-stdpostK[1]
for (j in 1:49){
  cumK[j+1]=cumK[j]+stdpostK[j+1]
}
cumK
plot(y, cumK, type = "l", lwd=2,col="purple", bty="n", xlab = "Tasa de crecimiento", ylab
= "Frecuencia acumulada")
```

Bibliografía

Andreon, S. y Weaver, B. 2015. Bayesian Methods for the Physical Sciences: learning from examples in astronomy and physics. Springer series in Astrophysics.

Akaike, H. 1973. Information theory and an extension of the maximum likelihood principle. In 2nd International Symposium on Information Theory, B. N. Petrov ad F. Csaki (editors), pp. 268-281. Publishing House of the Hungarian Academy of Sciences, Budapest. Reprinted in 1992 in Breakthroughs in Statistics S. Kotz and N. Johnson (editors), 1:610-624, Springer Verlag, New York.

Akaike, H. 1985. Prediction and entropy. In A Celebration of Statistics, A. C. Atkinson and S. E. Fienberg (editors), pp. 1-24. Springer-Verlag, New York.

Aldrich, J. 1998. Doing least squares: Perspectives from Gauss and Yule. International Statistical Review. 66: 61-81.

Anderson, D. R., Burnham, K. P. y G. C. White. 1994. AIC model selection in overdispersed capture-recapture data. Ecology 75:1780-1793.

Beverton R. J. H., Holt S. J. 1957. On the dynamics of exploited fish populations, Fishery Investigation Series II, Vol. XIX. UK. 533 pp

Bischof, C., Carle, A., Corliss, G., Griewank, A. and Hovland, P. 1992. ADIFOR—generic derivative codes from Fortran programs. Sci. Program., 1: 1–29.

Byrd, R. H., Lu, P., Nocedal, J. and Zhu, C. (1995). A limited memory algorithm for bound constrained optimization. SIAM Journal on Scientific Computing, 16, 1190–1208. doi: 10.1137/0916069.

Chapman, D. G. 1961. Statistical problems in the dynamics of exploited fisheries populations. Proc. of the Fourth Berkeley Symp. Math. Stat. and Probability. Contrib. Biol. and Probl. Med., vol. 4:153-168. Univ. Calif. Press.

Charles A. 2001. Sustainable Fishery Systems. Blackwell Science Ltd. Oxford, UK

Chen, Y., y D. Fournier. 1999. Impacts of atypical data on Bayesian inference and robust Bayesian approach in fisheries. Canadian Journal of Fisheries and Aquatic Sciences, 56: 1525-1533.

Conquest, L., Burr, R., Donnelly, R., Chavarria, J., and V. Gallucci. 1996. Sampling methods for stock assessment for small-scale fisheries in developing countries. In: Stock assessment Quantitative methods and applications for small-scale fisheries (Ed. By V. F. Gallucci, S. B. Saila, D. J. Gustfson, and B. J. Rothschild) pp. 179-225. CRC Lewis Publishers, London.

Crawley, M.J. 2013. The R Book. John Wiley & sons, West Sussex, England

deLeeuw, J. 1992. Introduction to Akaike (1973) information criterion and an extension of the maximum likelihood principle. In Breakthroughs in Statistics, S. Koltz and N Johnson (editors), 1:599-609. Springer Verlag, New York.

DeLucia, C. y S. C. Pitts. 2006. Applications of individual growth curve modeling for pediatric psychology research. Journal of Pediatric Psychology. 31:1002-1023.

Ding, J., Tarokh, V., and Y. Yang. 2018, Model Selection Techniques: An Overview, Signal Processing Magazine IEEE, vol. 35, no. 6, pp. 16-34, 2018.

Feigelson, E. D. y J. Babu. 2012. Statistical Challenges in Modern Astronomy V. Springer Science and Business Media. 559 pp.

Fournier, D.A., Sibert, J.R., Majkowsky, J. and J. Hampton. 1990. MULTIFAN a likelihood-based method for estimating growth parameters and age composition from multiple length frequency data sets illustrated using data for southern bluefin tuna (*Thunnus maccoyii*). Can. J. Fish. Aquat. Sci. 47: 301-317.

Fournier, D.A., Skaug, H. J., Ancheta, J., Ianelli, J., Magnusson, A., Maunder, M. N y J. R., Sibert. 2012. AD Model Builder: using automatic differentiation for statistical inference of highly parameterized complex nonlinear models. Optimization Methods and Software. 27(2):233-249. https://doi.org/10.1080/10556788.2011.597854

Francis, R.I.C.C. y R. Shotton.1997. "Risk" in fisheries management: A review. Canadian Journal of Fisheries and Aquatica Sciences. 54, 1699-1715.

Gelman A, Hwang J, Vehtari A. 2014. Understanding predictive information criteria for Bayesian models. Stat Comput 24: 997-1016.

Gompertz B. 1825. On the nature of function expressive of the law of human mortality and on a new mode of determining the value of life contingences. Phil. Trans. of the R. Soc. of London. 115, 515-585.

Gotelli, N. J. y Ellison, A. 2004. A primer of ecological statistics. Sinauer Associates, Inc. Sunderland, Massachusetts.

Griewank, A. y Corliss, G. F. 1992. Automatic Differentiation of Algorithms: Theory, Implementation, and Application, Edited by: Griewank, A. and Corliss, G. F. Philadelphia, PA: SIAM.

Griewank, A., Juedes, D. and Utke, J. 1996. ADOL-C: A package for the automatic differentiation of algorithms written in C/C++. ACM Trans. Math. Softw., 22: 131–167.

Griewank, A. y Walther, A. 2008. Evaluating Derivatives Principles and Techniques of Algorithm Differentiation, PA: SIAM

Gulland, J. A. 1983. Fish stock assessment: A manual of basic methods, Wiley, New York. 223 p.

Gunderson, D.R. 1993. Surveys of fisheries resources. Wiley. New York. 248 pp.

Gutiérrez-Benítez, o. 2012. Aspectos biológico pesqueros de la rubia Ocyurus chrysurus (Bloch, 1791) en Antón Lizardo, Veracruz, México. Tesis de Maestría. Universidad Veracruzana, Veracruz, México. 58 p.

Hascoët, L. and Pascual, V. 2004. TAPENADE 2.1 user's guide, Sophia Antipolis, , France: INRIA. Tech. Rep. 300

Hasselblad, V. 1966. Estimation of parameters for a mixture of normal distributions. Technometrics 8: 431-442

Henry, S.M. 2009. A Primer of Ecology with R. Springer-Verlag, New York, NY.

Haddon, M. 2001. Modelling and Quantitative Methods in Fisheries. Chapman and Hall/CRC. New York.

Haughton, D. 1988. On the choice of a model to fit data from an exponential family, Ann. Statist. 16, 342-355.

Hilborn, R. y C. J. Walters. 1992. Quantitative Fisheries Stock Assessment Choice, Dynamics & Uncertainty. Chapman and Hall. New York.

Hilborn, R, y M. Mangel. 1997. The ecological detective: Confronting Models with Data. Princeton Univ. Press, Princeton, New Jersey, 315 pp.

Hiyama, Y., y T. Kitahara. 1993. Relationship beween surplus energy and body weight in fish populations. Researches in Population Ecology 35:139-150.

Hota, A. K. 1994. Growth in amphibians. Gerontology. 1994;40(2-4):147-60.

Hu W., Xie J., Wai H., y Ch. Bing. 2015. Evaluation of parameter uncertainties in nonlinear regression using Microsoft Excel Spreadsheet, Environmental Systems Research 4(4).

Ianelli, J. S. Barbeaux, T. Honkalehto, S. Kotwicki, K. Aydin, N. Williamson. 2007. Easten Bering Sea pollock. In: National Marine Fisheries Service Stock Assessment and Fishery Evaluation Report for the Groundfish Resources of the Bering Sea/Aleutian Islands Region in 2007. North Pacific Fishery Management Council. Anchorage, AK.

James, G., Witten, D., Hastie, T. and R. Tibshirani. 2013. An Introduction to Statistical Learning with Applications in R. Springer Switzerland.

Jones, C. M. 2002. Age and growth. In: Fishery Science. The unique contribution of early life stages (Ed. By L. A. Fuiman and R.G. Werner), pp. 33-63. Blackwell Publishing, Oxford, UK.

Jurado-Molina, J., P. A. Livingston and J. Ianelli. 2005. Incorporating predation interactions to a statistical catch-at-age model for a predator-prey system in the eastern Bering Sea. Canadian Journal of Fisheries and Aquatic Sciences 62(8): 1865-1873.

Jurado-Molina J., J. S. Palleiro-Nadar and N. L. Gutierrez. 2009. Developing a Bayesian framework for the stock assessment and analysis of decision of the red sea urchin fishery in Baja California, Mexico. Ciencias Marinas. 35(2), 183-193.

Jurado-Molina, J. 2010. A Bayesian framework with implementation error to improve the management of the red octopus (Octopus maya) fishery off the Yucatán Peninsula. Ciencias Marinas 36(1): 1-14.

Jurado-Molina, J., O. Gutiérrez-Benítez y A. Roldan-Heredia. 2018. Model uncertainty and Bayesian estimation of growth parameters of Yellowtail Snapper (Ocyurus chrysurus) fromVeracruz, Mexico. Hidrobiológica 2018, 28 (2): 191-199

Katsanevakis, S, y C. D. Maravelias. 2008. Modelling fish growth: multi-model inference as a better alternative to a priori using von Bertalanffy equation. Fish and Fisheries **9**, 178–187.

Kelly. D. G. 1994. Introduction to probability. Macmillan Publishing Company, New York.

Kimura D. K. 1980. Likelihood methods for the von Bertalanffy growth curve. Fish Bull 77: 765–774.

Kingsley, M.C.S. 1979 Fitting the von Bertalanffy growth equation to polar bear age-weight data. Can. J. Zool. 57:1020-1025.

Kinzey, D. and Punt, A. E. 2009. Multispecies and single-species models of fish population dynamics: Comparing parameter estimates. Nat. Res. Mod. 22: 67–104. doi: 10.1111/j.1939-7445.2008.00030.x

Lai, H-L, Gallucci, V. F., Gunderson, D. R., and R. F. Donelly. 1996. Age determination in fisheries: methods and appplications to stock assessment. In: Stock assessment Quantitative methods and applications for small-scale fisheries (Ed. By V. F. Gallucci, S. B. Saila, D. J. Gustfson, and B. J. Rothschild) pp. 82-178. CRC Lewis Publishers, London.

Larsen, R. J. y M. L. Marx. 1986. An introduction to mathematical statistics and its applications. Second Edition. Prentice Hall, New Jersey.

Lee, P. M. 1989. Bayesian statistics: An introduction. Arnold, London.

Maunder, M. N. y A. E. Punt. 2013. A review of integrated analysis in fisheries stock assessment. Fisheries Research 142:61-74.

Maunder, M. M. y K. R. Piner. 2014. Contemporary fisheries stock assessment: many Issues still remain. ICES Journal of Marine Science. doi:10.1093/Icesjms/fsu015.

MacDonald, P.D.M. and T.J. Pitcher. 1979. Age-groups from size-frequency data: a versatile and efficient method of analyzing distribution mixtures. J. Fish. Res. Bd. Can. 36: 987-1001.

McAllister, M. K., y J. N. Ianelli. 1997. Bayesian stock assessment using catch-age data and the sampling-importance resampling algorithm. Canadian Journal of Fisheries and Aquatic Sciences. 54: 284-300.

McAllister, M. K., y G. P. Kirkwood. 1998. Bayesian stock assessment: a review and example application using the logistic model. – ICES Journal of Marine Science, 55: 1031-1060

McDonough T.J. and Christ, A. M. 2012. Geographic variation in size, growth and sexual dimorphism of Alaska brown bears, *Ursus arctos*. Journal of Mammalogy, 93(3):686-697.

McGrayne, S. B. 2011. The theory that would not die: how Baye´s rule cracked the enigma code, hunted down Russian submarines & emerged triumphant from two centuries of controversy. Yale University Press, London. 319 pp.

McManus, J.W., Nañola, C.L., del Norte, A.G.C., Reyes, R.B., Pasamonte, J.N.P., Armada, N.P., Gomez, E.D. and P. M. Aliño. 1996. Coral reef fishery sampling methods. In: Stock assessment Quantitative methods and applications for small-scale fisheries (Ed. By V. F. Gallucci, S. B. Saila, D. J. Gustfson, and B. J. Rothschild) pp. 226-270. CRC Lewis Publishers, London.

Megrey, B.A. 1989. Review and comparison of age structured stock assessment models from theoretical and applied points of view. Am. Fish. Soc. Symp. 6: 8–48.

Methot, R. D. 1990. Synthesis model: an adaptable framework for ana- lysis of diverse stock assessment data. International North Pacific Fishery Commission Bulletin, 50: 259–277.

Meinhardt, H., Quadros, A. F. and Araujo, P.B. 2007. Growth curve of *Balloniscus glaber*, Araujo & Zardo (Crustacea, Isopoda,Oniscidea) from Parque Estadual de Itapua, Rio Grande do Sul. Brazil. Revista Brasileira de Zoologia 24 (4): 1108–111.

Nelder, J. A. and Mead, R. 1965. A simplex algorithm for function minimization. Computer Journal, 7, 308–313. doi: 10.1093/comjnl/7.4.308.

O´Boyle, R. 1993. Fisheries management organizations: A study of uncertainty. In: Risk evaluation and biological reference points for fisheries management. (eds. S.J. Smith, J.J. Hunt and D. Rivard). pp. 243-249. Canadian Special Publications of Fisheries and Aquatic Sciences No. 120 National Research Council of Canada, Ottawa.

Ogle, D. H. 2016. Introductory fisheries analysis with R. CRC Press Taylor & Francis Group.

Pawitan, Y. 2013. In all likelihood: Statistical Modelling and Inference using likelihood. Oxford University Press, USA

Pella JJ, Tomlinson PK. 1969. A generalized stock-production model. Bull. IATTC. 13: 421–458.

Peters, W., J. B. Miller, J. Whitaker, A. S. Denning, A. Hirsch, M. C. Krol, D. Zupanski, L. Bruhwiler, and P. P. Tans. 2005. An ensemble data assimilation system to estimate CO_2 surface fluxes from atmospheric trace gas observations, J. Geophys. Res., 110, D24304, doi:10.1029/2005JD006157.

Plagányi, É. E. 2007. Models for an ecosystem approach to fisheries. FAO (Food and Agriculture Organization of the United Nations) Fisheries Technical Paper 477.

Punt A.E., & R. Hilborn. 1996. Biomass Dynamics Models. User's manual. FAO Computerized Information Series (Fisheries) No. 10, Rome, 62 pp.

Punt A. E. y R. Hilborn. 1997. Fisheries stock assessment and decision analysis: the Bayesian approach. Reviews in Fish Biology and Fisheries, 7:35-63.

Punt A.E., & R. Hilborn. 2001. BAYES-SA: Bayesian Stock Assessment Methods in Fisheries. User's manual. FAO Computerized Information Series (Fisheries) No. 12, Rome, 56 pp.

R Core Team. 2018. R: A language and environment for statistical computing. R Foundation for Statistical Computing, Vienna, Austria. URL https://www.R-project.org/.

Richards, F. J. 1959. A flexible growth function for empirical use. J. Exp. Bot. 10:290-300

Ricker, W. E. 1975. Computation and interpretation of biological statistics of fish populations. Fisheries Research Board of Canada. Bulletin No. 191.

Rosenberg, A.A., y S. Brault. 1993. Choosing management strategy for stock rebuilding when control is uncertain. In: Risk evaluation and biological reference points for fisheries management. (eds. S.J. Smith, J.J. Hunt and D. Rivard). pp. 243-249. Canadian Special Publications of Fisheries and Aquatic Sciences No. 120 National Research Council of Canada, Ottawa.

Rubin, D. B. 1988. Using the SIR algorithm to simulate posterior distributions. pp. 385-402. In: Bernardo, J. M., DeGroot, M. H., Lindley, D. V. y A. M. Smith. Eds Bayesian Statistics 3:Proceedings of the Third Valencia International Meeting, 1-5 June 1987. Oxford:Clarendon.

Schaefer M. B. 1954. Some aspects of the dynamics of populations important to the management of commercial marine fisheries. Bull. IATTC, 25–56 pp.

Schnute, J. 1981. A versatile growth model with statistically stable parameters. Can. J. Fish. Aquat. Sci. 38:1128-1140.

Schwarz, G. E. 1978. Estimating the dimension of a model. Annals of Statistics 6 (2):461-464.

Sharma, Sanjib. 2017. Markov Chain Monte Carlo methods for Bayesian data analysis in Astronomy. Annual Review of Astronomy and Astrophysics. 55: 213-259.

Spiegelhalter, D. J., Best, N. G., Carlin, B. P., and van der Linde, A. 2002. Bayesian measures of model complexity and fit (with discussion). Journal of the Royal Statistical Society B.

Stewart, I., and Hicks, A. 2020. Assessment of the Pacific halibut (*Hippoglossus stenolepis*) stock at the end of 2019. IPHC-2020-SA-01. 32 p.

Summerfelt, R.C. y G. E. Hall. 1987. Age and growth of fish Iowa State University Press. Ames.

Van De Geer, S. A. 2005. Least Square Estimation. In Encyclopedia of Statistics in Behavioral Science. Volume 2, pp. 1041–1045. John Wiley & Sons, Ltd, Chichester.

Van Dijk, H. K., Hop, J. P. y A. S. Louter. 1987. An algorithm for the computation of posterior moments and densities using simple importance resampling. The Statistician 36, 83-90.

Venables, W. N., Smith, D. M. y R core team. 2019. An introduction to R, Notes on R: A Programming Environment for Data Analysis and Graphics Version 3.5.3 (2019-03-11)

von Bertalanffy L. 1938. A quantitative theory of organic growth (Inquiries on growth laws II). Human biology 10 (2), 181-213.

Vrugt, J. A., Diks, C.H.G., Gupta, H. V., Bouten, W., Verstraten, J.M. 2005. Improved treatment of uncertainty in hydrologic modeling: Combining the strengths of global optimization and data assimilation. Water Resour. Res., 41, W01017, doi:10.1029/2004WR003059.

Watanabe, S. 2010. Asymptotic equivalence of Bayes cross validation and widely applicable information criterion in singular learning theory. Journal of Machine Learning Research 11, 3571–3594.

Watanabe, S. (2013). A widely applicable Bayesian information criterion. Journal of Machine Learning Research 14, 867–897.

Wickham, H. and G. Grolemund. 2017. R for Data ScienceImport, Tidy, Transform, Visualize,and Model Data. O'Reilly Media, Sevastopol, CA. USA.

Zale, A. V., Parrish, D. L., Sutton, T. M (Eds.). 2012. Fisheries Techniques, 3rd Edition. American Fisheries Society. 1069 p.

Zuur, A., Leno, E.N., Walker, N., Saveliev, A. and G. M. Smith. 2009. Mixed effects models and extensions in ecology with R. Springer-Verlag, New York, NY.